驾象牵犀 拣金拾翠

南海神庙出土文物选编

广州海事博物馆 编著

文物出版社

图书在版编目（CIP）数据

驾象牵犀　拣金拾翠：南海神庙出土文物选编 / 广
州海事博物馆编著． -- 北京：文物出版社，2025．1.
ISBN 978-7-5010-8615-3

Ⅰ．K872.651

中国国家版本馆 CIP 数据核字第 20245TB464 号

驾象牵犀　拣金拾翠——南海神庙出土文物选编

编　　著	广州海事博物馆
责任编辑	卢可可
特邀编辑	吴珊　刘美瑜
责任印制	王芳
装帧设计	佘艳敏
制作统筹	广州六宇文化传播有限公司 Guangzhou Liuyu Culture Communication Co., Ltd.
出版发行	文物出版社
地　　址	北京市东城区东直门内北小街 2 号楼
邮　　编	100007
网　　址	http://www.wenwu.com
印　　刷	广州市赢彩彩印有限公司
经　　销	新华书店
开　　本	787mm×1092mm　1/16
印　　张	25
版　　次	2025 年 1 月第 1 版
印　　次	2025 年 1 月第 1 次印刷
书　　号	ISBN 978-7-5010-8615-3
定　　价	380.00 元

粤民濱海而豪者皆得立廟以祠

南海神自波羅江古廟巋然至今載祀典凡它廟皆莫敢與之

目录

Contents

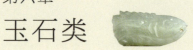

论 文 部 分

四束村

序言

  唐代韩愈有言："南海神次最贵，在北东西三神、河伯之上，号为祝融"，南海神庙即历代祭祀南海神的场所，始建于隋开皇十四年（594），宋元明清皆有重修。南海与北东西三海、五岳、五镇、四渎一起，构建了岳镇海渎国家礼制，是维护国家统一的重要象征。国家层面的尊崇、地方官府的奉祀，增强了南海神庙的区域影响力，促进了民间海洋信仰、民俗活动的形成与发展。神庙内，"海事""市舶""广利"等与港口、商贸有关的关键词比比皆是，皆为海上丝绸之路的重要历史见证。

  目前，从整体上看，南海神庙史料整理与学术研究已颇具规模，即便是与他处岳镇海渎相比，亦位在前列。具体表现在两方面：

  首先，史料整理丰富、全面。明清时期开始出现南海神庙专门的文献集，主要有两种：一是明代郭棐撰、清代陈兰芝增补的《岭海名胜志·南海庙志》，共收录南海神庙相关敕诏、文类、古诗等近 150 种。二是清代崔弼辑撰的《波罗外纪》，依次记载了南海神庙的主要神灵、庙内及周边景物、前代遗留神物、古树名木、历代维修祭祀、文人辞赋及历代诗文等众多内容。近年来，学界对南海神庙史料的专项整理研究取得了较多成果。2008 年，广州市地方志办公室编、陈锦鸿点注的《南海神庙文献汇辑》，收录史料三类，合计约 540 种：一是史迹类，包括南海神及庙祀诸神、文物、历代沿革、当代考述等；二是碑刻类，包括诏、牒、祭文、记、题名等；三是诗文笔记，包括诗、词、文、赋、笔记等。2009 年，南海神庙文物管理所编的《南海神庙碑刻拓片集》一书，按四大碑亭、历朝碑刻、明清御碑和复制碑刻、今人书南海神庙古诗碑刻等五类，收录庙内现存碑刻 48 种，以及匾额、楹联 21 种。2014 年，黄兆辉、张菽晖二人编撰的《南海神庙碑刻集》，按原碑、复制碑、今人书刻、佚碑遗文等四类编排，共收录碑文 144 种。2017 年，闫晓青校注了《波罗外纪》。2021 年，广州市黄埔区文化广电旅游局编、陈泽泓总纂的《南海神庙志》，按自然环境、建制建筑、祭祀、文物考古、碑刻、艺文、波罗诞、活动、研究、人物等专题依次编排，收录史料方面着重增补了艺文部分，其中，诗歌达 320 余种，记文杂录有 110 余种。

其次，学术研究广泛、深入。南海神庙现代的学术研究始于 20 世纪 40 年代。1948 年，叶恭绰、龙庆忠等诸位先生组建"南海神庙考察团"，并撰写调研报告，述及典礼来历、祀因、尊崇、居次等。1975 年，陈锦鸿亲见神庙之情形："只见廊庑颓败，满地断碣残碑，大殿几为毛竹枯树所淹……由大殿门缝朝里面窥探，不想广利王塑像犹存，大半为绛帐所掩，虽蛛网交缠，然双目如电！王座之下，朱漆牌位如林，当系附近村民托荫供奉之先人灵位。"记录了神庙一时衰败之情状。1979 年，何天相、陈鉴朝对南海神庙出土的晚唐桩木进行了鉴定，证实其为"山榄科 Sapotaceae 紫荆木属 Madhuca，而与海南紫荆木（海南子京）Madhuca hainanensis Chun et How 相近"，为神庙出土物研究之发端。20 世纪 80 年代起，广州市各文博单位开启了对南海神庙的专业研究，代表性成果有黄鸿光《南海神庙〈六侯之记〉碑辨伪》、罗镇邦《波罗庙史话》、甘叔《南海神庙——海上交通贸易的历史见证》等文章以及广东地图出版社出版的《南海神庙》等书籍，对神庙史实、传说进行梳理、考证。

南海神庙大殿等建筑于 1986—1991 年由华南理工大学设计复建，丁巍、璇甫二人撰文记述了"1986 年元月 24 日举行动工仪式，至 1991 年 2 月初基本竣工"的重建历程。程建军是复建工程的主要参与者，于此时开展了一系列专门研究，撰写了《南海神庙大殿复原研究：南北古建筑木架构技术异同初论》一文，详尽梳理分析了南海神庙历史与现状、复原资料、修复原则与年代，以及大殿复原详情等，后又撰《古建筑的"活化石"——南海神庙头门、仪门复廊的文物价值及修建研究》一文，论述了头门与仪门复廊的文物价值及修复情况。

进入 21 世纪,南海神庙研究开始逐步活跃,特别是高校学者加入进来,大幅推进提升了研究的专业度和影响力。最具代表性的成果是 2006 年王元林所著的《国家祭祀与海上丝路遗迹——广州南海神庙研究》一书,从南海神庙建立之前的中国古代海与四海神崇拜,到南海神庙在隋唐宋元明清历代变迁情况,特别是南海神庙官方祭祀及相关事件、人物等情况进行了详细论述,全面展示南海神庙创建、发展、辉煌、萎缩、尾声等纵向历史脉络;又将南海神庙纳入国家祭祀、海上丝绸之路进行考察,总结神庙在中外经济、文化交流过程中的特点及价值,在南海神庙研究中具有里程碑意义。在史料收集、使用方面,如罗小霞所言:"共引用古籍二百七十多种,今人专著三十五种,论文二十一篇,并配以插图十多幅,为历年来研究南海神庙的著作中史料最为丰富者。"此外,2002 年王川、2005 年黄淼章各自撰写出版了名为《南海神庙》的图书。2010 年以后,南海神庙研究朝着多学科态势迅速发展,建筑、园林、规划、旅游、美术、音乐、民俗、非遗、文学等方面的有关研究成果迭出,呈现出百花齐放的景象。

然而,与上两者大放异彩的良好趋势迥异的是,南海神庙出土、传世的相关实物整理研究却远远落后。2005—2006 年,南海神庙进行了大规模考古发掘,后广州市文物考古研究所(现广州市文物考古研究院)、黄埔区文化广电新闻出版局(现黄埔区文化广电旅游局)共同编撰了《南海神庙古遗址古码头》一书,对南海神庙的基本历史脉络、主要考古发现以及与海上丝绸之路关系等方面进行了梳理和探讨。其中,考古发现中分别记录了南越国时期遗址、宋代堂屋与方形水池、明代石基码头、清代码头与道路、扶胥旧街、凝真观、海光寺等遗址情况,并收录各类出土文物约 160 件。截至目前,该书依然是唯一一部有关南海神庙实物资料的书籍。这种情况与历史上南海神庙实物的丰富性明显不符。

2018 年,广州市文物考古研究院向黄埔区文化广电旅游局移交南海神庙出土的各类文物 1323 件,供广州海事博物馆展览、研究使用。虽然,该批文物并非南海神庙出土的全部文物,又多为民用器物,但是,其数量众多、种类丰富,且与神庙直接相关,历史价值较高。为全面呈现出土文物情况,推进相关实物资料的整理与运用，推动南海神庙学术研究，2022 年以来，广州海事博物馆（以下称本馆）针对该批文物以及部分重点的非出土文物，开展了信息采集、拍照、分类、初步研究等工作，进而将文物整理研究之成果编撰成书。全书共收录文物 415 件，分为祭祀物品、建筑构件、陶器、瓷器、钱币、玉石以及其他等七个类别，具体情况如下：

其一，祭祀类。该类为官府、民间祭祀南海神时使用的物品，有皇帝、朝廷赐予的祭物，有祭品、祭器、乐器、仪服，有民间官员因私或民众祭祀供奉之物，但存世较少。本书共收录 7 件（出土 2 件），因国家祭祀是南海神庙重要的文化内容，为充分反映神庙各方面文化主题，故以附录形式将馆藏部分传世文物或复制品，亦编入本书。

其二，建筑类。该类为唐至清、民国历代神庙本体及其关联建筑物的构件，包括瓦当、筒瓦、板瓦、瓦饰、砖等，是南海神庙矗立千年的实物见证。本馆现藏该类物品 150 件，本书共收录 85 件，皆为考古出土文物。

其三，陶器类。该类主要为汉、宋、明、清、民国等时期器物，器形主要有盒、盆、罐、瓶、壶、碗、碟、盏、杯、钵、釜、乐器、灯、盖等，大多为日常生活物品。本馆现藏该类物品 128 件，本书共收录 74 件，皆为考古出土文物。

其四，瓷器类。该类主要为宋至清、民国等历代器物，器形以碗、盘、杯、灯、碟等为主，多为生活用器。本馆现藏该类物品 589 件，本书共收录 115 件，皆为考古出土文物。

其五，钱币类。该类主要为唐宋明清以及民国时期器物，多为铜、铁质，可辨识钱文者以宋、清两代最多。本馆现藏该类物品 359 件，本书共收录 80 件，皆为考古出土文物。

其六，玉石类。该类主要为玉镯与玉料，皆为清代器物。本馆现藏该类物品 57 件，本书共收录 30 件，皆为考古出土文物。

其七，其他类。该类材质较多，有铁、铜、玻璃、银、石、骨、木质等，有铁钉、铁环、铁刀、铁球、铜烟咀、耳坠、簪、秤砣等，多为日常生活器物。本馆现藏该类物品 38 件，本书共收录 24 件，皆为考古出土文物。

上述所选文物基本能够反映南海神庙出土文物的主要情况，所呈现出的主要特点有：一是诸文物时间跨度长，且大都集中在唐至清代，基本与南海神庙的千余年历史相始终，与神庙自隋至清为国家祭祀场所的地位相始终，是神庙屹立千年的重要物证。二是从文物关联性看，可分为与神庙直接相关的物品以及神庙周边人群生活用品两种。不过，有些实用器物或亦为祭祀用器，但因关联信息消失，不能进行判断，然在展览中，可作为祭祀器物进行一定程度的使用。三是细分下类别丰富，然大都无法直接反映南海神庙核心文化内涵，诸物品多为神庙周边居民日常饮食、穿戴、买卖等生活器物，更多地反映神庙周边经济社会发展相关情况。明代李茂魁有言："吾乡僻在海隅，民生鲜识官府。唯是南海一祠，屹峙于往来之冲，以通冠冕之迹。"诚道出神庙与当地民众的紧密联系，诸出土文物皆为物证。

《大宋新修南海广利王庙之碑》有言："炎荒之极，南海在望。洪涛澜漫，万里无际。风潮汹涌，云岛相连。浴日浮天，乍合乍散。珊瑚生于波底，兰桂丛乎洲上。其或天吴息浪，灵胥退涛，彼俗乃驾象牵犀，拣金拾翠。入千重之水，累累贯珠。披万顷之沙，往往见宝。"对南海中绚丽的自然景象、奇绝的神灵"世界"以及琳琅的奇珍异宝等进行了丰富且美妙的畅想。今借用其"驾象牵犀，拣金拾翠"之语，以为本书之名，于南海神庙千余年历史长河而言，是书所录文物即为海中之珍、庙内之宝。

广州海事博物馆

2024 年 3 月

图版部分

第一章

祭祀类

南海神庙是古代国家岳镇海渎礼制的重要组成部分，历代产生、存续了众多祭祀物品，依其来源、属性和作用来看，可分为五类：一是祭物，指皇帝、朝廷赐予之物，如明嘉靖十一年（1532），世宗遣使代祀南海神，将诸项物品进行了区分，其中，祭物专指"段番一副，祭帛一段，降真香一炷，祝文一道"等种。二是祭品（器），指的是牲牢、黍稷稻粱、膳馐、羹醯果品、酒齐等饮食之物，以及俎、簠簋、笾豆、尊罍等礼器。三是乐器，按礼制要求配合祭祀进程使用，如宋代在用乐方面有反复，嘉祐六年（1061）正月仁宗废除南海祭祀用乐，政和五年（1115），在庐州知州朱维的建议下恢复岳镇海渎祭祀用乐。四是仪服，指参与祭祀的各级官员所着之服，如唐代张九章祀南海时"拖毳衣绣"。五是供物，指官员因私或民众祭祀所奉之物，如汉铜鼓、明铁钟、清屏风等。此外，历代碑刻记载了大量祭祀内容，在一定程度上呈现了祭祀物品的实际使用情况。诸祭祀物品与皇帝、朝臣、使者、地方官员、士绅和广大民众密切相关，诸物是构建与神灵特殊关系的一种方式，增添了南海神威仪、增强了其灵应影响。

广州海事博物馆藏南海神庙出土祭祀类文物多为碑刻，2009年南海神庙文物管理所已编辑出版了《南海神庙碑刻拓片集》，本书不再重复。广州市文物考古研究院移交祭祀类文物为2件残碑，另将馆藏传世文物或复制品5件录入，本书合计选录祭祀类文物7件。

青石碑残件

清乾隆五十年（1785）

横 25.5 厘米，纵 21.5 厘米，厚 5 厘米

南海神庙出土

广州海事博物馆藏

　　残碑文字有"都察院"一词，当为使臣职衔，又有"朱徼，职……"等字，当为祭文内容，查南海神庙清代祭文，仅乾隆五十年（1785）祭文与之相符。该祭文全文为："维乾隆五十年，岁次乙巳，四月庚辰朔，越二日，皇帝遣都察院右副都御史觉罗巴彦学，致祭于南海之神曰：惟神地临朱徼，职莅元冥。鹢贡连樯，静鲸呿于泽国；鹏搏击水，乘鲲化于天池。安澜永赖乎灵长，俎豆久垂为彝宪。兹尚鸿图锡美，风纪增绵，懋举崇仪，特申昭告。弧星摛朗，光华映鹑火之精；水伯呈庥，润泽浃羊城之域。爰修望祀，特臻明禋。陪祭官：太常寺笔帖式和泰、布政使陈用敷、督粮道吴延瑞、广州府张道源。"即因清高宗弘历即位五十年庆典，遣使祭祀南海神。

青石碑残件

年代不详
横 23 厘米，纵 16.5 厘米，厚 5 厘米
南海神庙出土
广州海事博物馆藏

附录

铜鼓（复制品）

汉（前202—220）
面径138厘米，壁厚0.4~0.6厘米，通高77.4厘米
南海神庙出土
广州海事博物馆藏

玉刻南海神印（复制品）

明（1368—1644）
印面长 10.2 厘米，宽 10.2 厘米，高 9.8 厘米
南海神庙出土
广州海事博物馆藏

葵花纹铸铁三足缸

清乾隆二十七年（1762）
口径 77 厘米，足高 11 厘米，通高 85 厘米
南海神庙出土
广州海事博物馆藏

铭文曰："乾隆二十七年二月吉日造，丁老三宅置。"

铁梨镶金丝楠木屏风

清嘉庆五年（1800）

一套12件，长336厘米，高127厘米

广州海事博物馆藏

　　屏风共十二屏，各屏以金属合页相联，每屏分四个区域，分刻文字与图案。其中，每屏上部、中下部雕有桃、石榴、柿子、牡丹等花果，下部则雕有麒麟、狮子、象、鹿等走兽，左右两屏外侧各为喜鹊、梅花鹿、猴等，这些祥花、瑞兽有着"荣华富贵""事事如意""多子多福""封侯爵禄"等多重寓意。屏风中部刻686字，详述敬奉该屏风的原因及人员名单。兹录文字如下：

　　粤民滨海而处者，皆得立庙以祠南海神。自波罗江，古庙岿然，崇载祀典，凡它庙皆莫敢与之并，统所尊也。禺阳华溪，即江水之所旁注，沿溪口数十折聚而为陼，陼有巨市，市前有庙，乡之人不敢直称"南海神庙"，惟敬呼曰"大庙"，并呼其水曰"小波罗江"。每岁二月，四方人士有事于波罗庙者，必兼诣"大庙"以申敬。然则庙虽建自一乡，不几如泰山之有配林、河之有滹池乎？夫食德者报功，一乡之人，仰荷神庥，俾获宁宇，其虔修祀事固宜。至于四方人士，既骇于扶胥之巨浸，靡敢留处，而展礼后，即尔抽飑，又无以绎其瞻仰敬爱之余意。今斯溪风浪软恬，相距咫尺，而又高宇飞甍，鉴观有恭，是以画鹢彩舻，后先络绎，拜舞欢呼，累日而后去，此神人所由和且洽也。今岁，乡人聚众醵金，选牪牢，治酒醴，张锦幬，扬法曲，事事成备，视昔有加。盖数百年，食德饮和，复加以远方来者，鳞次比集，以增饰其美，岂特人情之所乐康，即谓斯境为神所游豫焉，其亦可矣。爰敬志祠事，并胪里人名姓于左。时嘉庆五年，岁次庚申，仲春穀旦。

　　里人：黄遇拱、谭胜蕃、谭涧宾、梁兴赞、梁逺遂、梁和端、梁富聚、谭廷汉、梁运千、梁培遂、梁仕端、谭辅德、谭丕相、梁广翰、谭昭章、谭恒照、梁美裕、谭福远、梁达蕃、谭兆圣、梁俭裕、梁龙广、黄聚华、梁龙作、梁守裕、黄贵华、谭卿爵、梁杰绪、梁卓远、梁光绪、黄卓英、黄鹏英、黄汉英、梁充绪、谭兆众、梁余翰、梁匡远、梁瑶光、梁上长、谭胜士、梁宗翰、梁德绪、谭瑞蕃、梁崇兴、谭恒爵、梁裕珍、梁仲长、谭英明、梁茂德、谭大昌、梁高传、谭圣週、黄礼赞、梁智裕、谭名扬、谭茂昭、黄士英、谭和修、谭兆龙、梁明一、梁邦翰、梁朝殿、谭才德、梁祥遂、梁斌遂、谭传达、梁士和、梁龙彦、梁拔遂、梁高蕃、梁远宗、梁可仲、谭丕尚、谭昭有、梁允千、谭奏蕃、谭上礼、张正业、梁成长、谭悦汉、谭庶蕃、谭国群、谭本蕃、梁可永、梁德长、梁交义、梁仲千、谭聚汉、梁修长、谭名月、梁绍光、梁凌光、梁贵新、谭配远、梁贤绪、黄渭英、黄礼成、梁绍书、谭兆正、谭始远、谭兼贵、梁绍贵、梁敬绪、谭驹远、黄淞英、梁智万、谭进昌、谭兼敏、梁孔辉、梁敬翰

　　上述文字记载了粤地民众凡滨海而居者皆立庙敬祀南海神，描述了"波罗诞"庙会时四方民众云集以及今岁乡民醵金敬神的热闹场面，表达了希望获得南海神庇佑的热切渴望。上述所刻改编自清代谢兰生撰《小波罗江大庙祠事记》一文，其词句存在多处差异。

第二章

建筑类

　　南海神庙是岭南古建筑的活化石，头门两边高台、中有阙道的门堂形制，是周代重要的建筑形式，总平面则保持着唐宋廊院式制度，对于考证和研究古代建筑形式、制度等具有重要的历史文化价值。建筑构件是南海神庙建筑本体不可分割的组成部分，其历经朝代兴衰与变迁，有着特定的自然、政治、人文因素，集实用功能、美化功能与象征功能于一身，有着吉祥美好、礼仪教化等重要意义，是重要的历史文化遗产。

　　广州海事博物馆现藏唐至民国时期南海神庙出土建筑构件150件，包括瓦当70件，筒瓦20件，板瓦9件，瓦饰9件，建筑砖构件36件，以及其他建筑构件6件。其中，瓦当纹饰大部分仍清晰可见，以莲花纹、"金玉"文字纹及其他花草类纹样为主，这些纹饰多承载着吉祥美好的寓意，有着重要的审美价值和象征意义。筒瓦质地多为红陶、灰陶及黄陶，板瓦则以灰陶、黄陶为主。砖构件中，除1件十分珍贵的印有"广州"字样的文字砖外，还有花草纹砖12件、民国窗花砖饰10件，以及13件素面砖，与瓦当相比砖构件的纹饰要较为简单，与南海神庙墙面建筑装饰追求素淡雅致契合。本书选录上述各类南海神庙建筑构件共85件。

一　瓦当

瓦当是筒瓦的瓦头，置于椽头之上的筒瓦之下，起到蔽护屋檐与装饰的作用，由黏土烧制而成，一般呈半圆形或圆形，当面纹饰多样。瓦当最早见于西周晚期；至春秋战国社会大变革时期，瓦当纹饰图案趋于多样化，显示出浓厚的地方色彩；到秦汉时，瓦当纹饰图案丰富多彩，变化无穷，出现了各种文字纹瓦当，瓦当艺术达到了繁荣鼎盛时期；隋唐五代，受佛教影响，莲花纹成为最普遍的瓦当纹饰，一直延续到北宋；从宋代开始，兽面纹开始渐渐取代莲花纹，占主导地位，一直延续到明清。广州海事博物馆藏南海神庙出土瓦当 70 件，包括唐代 1 件、宋代 44 件、明代 9 件、清代 14 件，纹饰以莲花纹为主，其次为包括菊花纹在内的其他植物纹，此外还有印有"金玉""大吉"等吉祥文字纹饰及乳钉纹瓦当等。

（一）莲花纹瓦当

莲花纹饰作为一种植物图案出现在瓦当当面，始自秦代。北魏以降，受佛教兴盛影响，莲花纹瓦当大量出现。莲花纹瓦当的纹饰由当心、内区主题花纹、间纹及外区联珠纹等部分构成。当心指莲花纹的中央部分，位于当面中心。主题花纹即莲花纹瓦当的莲瓣部分，为当面纹饰的主体内容。间纹指夹在相邻两个莲瓣之间的纹饰，瓦当的边缘部分有两种情况，即是否带有联珠纹饰。广州海事博物馆所藏南海神庙出土莲花纹瓦当多为宋代，瓦当边缘多带有联珠纹饰，当面莲瓣互相分离、独立存在。

印莲花纹灰陶瓦当

唐（618—907）
直径 16 厘米，厚 1.2 厘米，残高 9 厘米，
重 733 克
南海神庙出土
广州海事博物馆藏

印莲花纹灰陶瓦当残件

宋（960—1279）

直径 12.8 厘米，厚 1.5 厘米，残高 4.5 厘米，
重 419 克

南海神庙出土

广州海事博物馆藏

印莲花纹灰陶瓦当

宋（960—1279）

直径 12 厘米，厚 3 厘米，高 9.4 厘米，
重 428.5 克

南海神庙出土

广州海事博物馆藏

印莲花纹黄陶瓦当残件

宋（960—1279）

直径 14.5 厘米，厚 0.8~3.4 厘米，

重 431.5 克

南海神庙出土

广州海事博物馆藏

印莲花纹黄陶瓦当残件

宋（960—1279）

直径14.2厘米，厚1.4厘米，高9.5厘米，
重671.5克

南海神庙出土

广州海事博物馆藏

印莲花纹陶瓦当残件

宋（960—1279）
直径 14 厘米，厚 1.2 厘米，高 5.5 厘米，
重 431.5 克
南海神庙出土
广州海事博物馆藏

印莲花纹黄陶瓦当残件

明（1368—1644）

直径 12.5~12.8 厘米，厚 0.8~1.4 厘米，残高 4.2 厘米，
重 251.8 克

南海神庙出土

广州海事博物馆藏

（二）其他植物纹瓦当

植物纹瓦当最早出现于战国中晚期，稍晚于动物纹瓦当，主要有莲花纹、葵纹、花叶纹等。除莲花纹瓦当外，广州海事博物馆藏南海神庙出土的其他植物纹瓦当亦有一定数量，纹饰主要有菊花纹、花卉纹、花叶纹等。

印菊花纹黄陶瓦当残件

宋（960—1279）
直径 12 厘米，厚 1 厘米，残高 8 厘米，
重 237.5 克
南海神庙出土
广州海事博物馆藏

印菊花纹灰陶瓦当残件

宋（960—1279）
直径 14 厘米，厚 1 厘米，残高 14.5 厘米，
重 759.5 克
南海神庙出土
广州海事博物馆藏

印花卉纹黄陶瓦当残件

明（1368—1644）

直径 11 厘米，厚 1 厘米，残高 10.2 厘米，
重 336.75 克

南海神庙出土

广州海事博物馆藏

印花叶纹黄陶瓦当残件

明（1368—1644）
直径 11 厘米，厚 1~2 厘米，
重 159.5 克
南海神庙出土
广州海事博物馆藏

印花叶纹陶瓦当残件

明（1368—1644）
直径 10.3 厘米，厚 1~1.5 厘米，
重 196.82 克
南海神庙出土
广州海事博物馆藏

印花叶纹陶瓦当残件

明（1368—1644）
直径 10 厘米，厚 1.3 厘米，
重 114.75 克
南海神庙出土
广州海事博物馆藏

印花卉纹陶瓦当

清（1636—1911）
直径 11.3 厘米，厚 1.3 厘米，残高 5.5 厘米，
重 297.5 克
南海神庙出土
广州海事博物馆藏

印花卉纹陶瓦当

清（1636—1911）
直径 9 厘米，厚 3.5 厘米，
重 186 克
南海神庙出土
广州海事博物馆藏

印花叶纹黄陶瓦当残件

清（1636—1911）
直径 12 厘米，厚 1.3~2.5 厘米，
重 243 克
南海神庙出土
广州海事博物馆藏

青釉印花卉纹陶瓦当

清（1636—1911）
直径 10.5 厘米，厚 1.3 厘米，高 18 厘米，
重 526 克
南海神庙出土
广州海事博物馆藏

駕象牽犀　拣金拾翠——南海神庙出土文物选编

印花卉纹黄陶瓦当残件

清（1636—1911）

直径 10 厘米，厚 2 厘米，
重 131.5 克

南海神庙出土

广州海事博物馆藏

（三）吉祥文字瓦当

吉祥文字瓦当最早出现在秦代，用文字直接表达出人们的吉祥信仰和愿望。汉代，文字瓦当开始流行，成为瓦当装饰大宗，也使瓦当成为较早使用吉祥文字作为装饰的载体之一，体现了人们追求、向往美好生活，以及"富贵""安世"等吉祥愿望。广州海事博物馆藏南海神庙出土的文字瓦当多为清代印"金玉"字样残件。

印"大吉"黄陶瓦当残件

宋（960—1279）
直径 12 厘米，厚 2.1 厘米，
重 156.5 克
南海神庙出土
广州海事博物馆藏

印"金玉"黄陶瓦当残件

清（1636—1911）
直径 9 厘米，厚 1 厘米，高 8.5 厘米，
重 218 克
南海神庙出土
广州海事博物馆藏

印"金玉"陶瓦当残件

清（1636—1911）

直径 8.7 厘米，厚 1.2 厘米，

重 73 克

南海神庙出土

广州海事博物馆藏

印"金玉"陶瓦当残件

清（1636—1911）
直径 9.2 厘米，厚 2.5 厘米，
重 134 克
南海神庙出土
广州海事博物馆藏

印"金玉"黄陶瓦当残件

清（1636—1911）
直径 9.5 厘米，厚 2.5 厘米，
重 120 克
南海神庙出土
广州海事博物馆藏

印"金玉"陶瓦当残件

清（1636—1911）
直径 8 厘米，厚 0.8 厘米，
重 75.5 克
南海神庙出土
广州海事博物馆藏

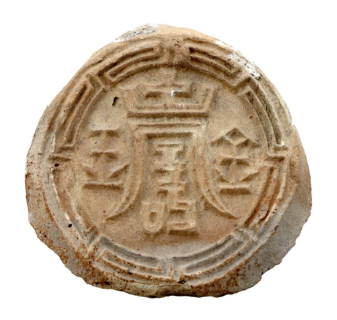

印"金玉"陶瓦当残件

清（1636—1911）
直径 8.5 厘米，厚 2 厘米，
重 128 克
南海神庙出土
广州海事博物馆藏

（四）乳钉纹瓦当

乳钉纹早在商代就出现在青铜器上，用作祭器和礼器的装饰，既有对母系的敬仰和怀念，也有祈求子孙满堂、人丁兴旺的寓意。到了春秋战国时期，这种纹饰开始被广泛应用于瓦当上，成为该时期瓦当装饰的主流纹饰之一。广州海事博物馆藏乳钉纹瓦当数量不多，且多为宋代出土。

乳钉纹黄陶瓦当残件

宋（960—1279）
直径 13 厘米，厚 2.4 厘米，
重 321.5 克
南海神庙出土
广州海事博物馆藏

乳钉纹黄陶瓦当残件

宋（960—1279）
直径 13.2 厘米，厚 0.9 厘米，高 20.5 厘米，
重 750.5 克
南海神庙出土
广州海事博物馆藏

乳钉纹黄陶瓦当残件

宋（960—1279）

直径 13.2 厘米，厚 1.8 厘米，高 9.3 厘米，
重 378.5 克

南海神庙出土

广州海事博物馆藏

乳钉纹黄红胎瓦当残件

宋（960—1279）

直径 16 厘米，厚 2.7 厘米，残高 26.3 厘米，
重 1461 克

南海神庙出土

广州海事博物馆藏

二 筒瓦

筒瓦呈半圆筒形，由筒形坯剖对之后烧制而成，使用时覆盖在板瓦的交界处，构成筒瓦屋顶，用于阻挡雨水渗透，檐端的筒瓦称为勾头，上有瓦当。广州海事博物馆现藏南海神庙出土的筒瓦共 20 件，其中宋代 6 件、清代 14 件，质地多为红陶、灰陶及黄陶。

灰陶筒瓦

宋（960—1279）

长 40.3 厘米，直径 12.4~15.5 厘米，厚 1.5 厘米，
重 1865 克

南海神庙出土

广州海事博物馆藏

黄陶筒瓦残件

宋（960—1279）

长 35 厘米，直径 10~13.8 厘米，厚 1.5 厘米，

重 1433.5 克

南海神庙出土

广州海事博物馆藏

黄陶筒瓦残件

宋（960—1279）

长 33 厘米，直径 10~11 厘米，厚 1.5 厘米，
重 1112 克

南海神庙出土

广州海事博物馆藏

灰红胎陶筒瓦

清（1636—1911）
长 25.8 厘米，直径 11.7~15 厘米，厚 1.1 厘米，
重 1135.5 克
南海神庙出土
广州海事博物馆藏

红陶筒瓦

清（1636—1911）
长 24 厘米，直径 10.5~13 厘米，厚 1.1 厘米，
重 911.5 克
南海神庙出土
广州海事博物馆藏

红黄胎陶筒瓦

清（1636—1911）

长 17.1 厘米，直径 12.4 厘米，厚 1.7 厘米，
重 1510 克

南海神庙出土

广州海事博物馆藏

红黄胎陶筒瓦

清（1636—1911）

长 18.3 厘米，直径 12 厘米，厚 1.8 厘米，
重 1535 克

南海神庙出土

广州海事博物馆藏

红陶筒瓦

清（1636—1911）

长 17.2 厘米，直径 7.4~10.4 厘米，厚 0.8 厘米，
重 270 克

南海神庙出土

广州海事博物馆藏

黄白胎陶筒瓦

清（1636—1911）

长 26 厘米，直径 12.3~15 厘米，厚 1.1 厘米，

重 1180.5 克

南海神庙出土

广州海事博物馆藏

灰白胎陶筒瓦

清（1636—1911）
长 32.5 厘米，直径 10.7~14.7 厘米，厚 1.8 厘米，
重 1619.5 克
南海神庙出土
广州海事博物馆藏

三　板瓦

板瓦呈板状，略有弧度，由筒形坯四剖或六剖之后烧制而成，用于阻挡雨水渗透。使用时仰置在屋顶上，缝隙间可覆盖筒瓦，构成筒瓦屋顶，或覆盖板瓦，构成仰合瓦屋顶。广州海事博物馆现藏南海神庙出土的板瓦 9 件，其中宋代 5 件、明代 1 件、清代 3 件，质地以灰陶、黄陶为主。

灰陶板瓦

宋（960—1279）
长 41.7 厘米，宽 20.8 厘米，厚 2 厘米，
重 2220 克
南海神庙出土
广州海事博物馆藏

黄陶板瓦残件

宋（960—1279）
长 35.5 厘米，宽 23~28.5 厘米，厚 1~2 厘米，
重 1952 克
南海神庙出土
广州海事博物馆藏

灰陶板瓦残件

宋（960—1279）

长 34.5 厘米，宽 17.2~20.5 厘米，厚 1.5 厘米，
重 1557 克

南海神庙出土

广州海事博物馆藏

灰陶板瓦

明（1368—1644）

长 7.7 厘米，宽 4.9~5.6 厘米，厚 0.7 厘米，重 62 克

南海神庙出土

广州海事博物馆藏

黄白胎陶板瓦

清（1636—1911）

长 31.5 厘米，宽 27 厘米，厚 1.2 厘米，重 2310 克

南海神庙出土

广州海事博物馆藏

驾象牵犀　拣金拾翠——南海神庙出土文物选编

黄白胎板瓦

清（1636—1911）

长 28.3 厘米，宽 28 厘米，厚 1 厘米，

重 1432.5 克

南海神庙出土

广州海事博物馆藏

四 瓦饰

瓦饰是中国传统建筑装饰的重要内容。中国传统建筑屋面庞大，在屋面交接的屋脊上往往要加以装饰。装饰的位置既是构造的节点，也是视觉的焦点。这些装饰构件大多还被赋予了文化功能和吉祥寓意。广州海事博物馆现藏南海神庙出土的瓦饰9件，其中南汉2件、宋代5件、清代2件，大多残损严重，个别残件可见兽首形状。

兽面灰陶瓦饰残件

南汉（917—971）
长17厘米，宽19厘米，残高14.5厘米，
重1142克
南海神庙出土
广州海事博物馆藏

兽首陶瓦饰残件

南汉（917—971）
长 19.2 厘米，宽 14.8 厘米，高 15 厘米，
重 1468.5 克
南海神庙出土
广州海事博物馆藏

兽面灰陶瓦饰

宋（960—1279）
长 9.5 厘米，宽 10.5 厘米，高 7.8 厘米，
重 383.5 克
南海神庙出土
广州海事博物馆藏

灰陶瓦饰

宋（960—1279）

长 16 厘米，宽 14.2 厘米，高 15.5 厘米，
重 1873 克

南海神庙出土

广州海事博物馆藏

黄陶瓦饰件

宋（960—1279）
长 5 厘米，宽 4.8 厘米，高 6.5 厘米，
重 127 克
南海神庙出土
广州海事博物馆藏

鸟形灰陶瓦饰件

宋（960—1279）

长 8~14 厘米，宽 9.5 厘米，高 26.8 厘米，

重 2450 克

南海神庙出土

广州海事博物馆藏

兽首灰陶瓦饰

清（1636—1911）
最长 9 厘米，高 10.3 厘米，
重 513.5 克
南海神庙出土
广州海事博物馆藏

五 陶砖及窗花砖饰残件

广州海事博物馆现藏南海神庙出土的陶砖及窗花砖饰残件共 36 件，其中陶砖 26 件、窗花砖饰残件 10 件。除 1 件印"广州"文字砖外，陶砖纹饰以植物花纹及素面无纹为主，这或许与当地的气候条件相关。南海神庙地处位于亚热带沿海地区的广州，属海洋性亚热带季风气候，光热充足、四季多雨，有利于花草树木等植物的生长，因而其建筑陶砖的装饰也相应地体现了多植物类花纹等特点。

（一）陶砖

印花纹陶砖残件

南汉（917—971）
长 15.5 厘米，宽 10.8 厘米，厚 4 厘米，
重 613 克
南海神庙出土
广州海事博物馆藏

印花纹灰陶砖残件

南汉（917—971）
长 16.3 厘米，宽 13 厘米，厚 4.8 厘米，
重 1487 克
南海神庙出土
广州海事博物馆藏

砚形砖饰残件

宋（960—1279）
长 13.9 厘米，宽 12 厘米，厚 2.6 厘米，
重 544.5 克
南海神庙出土
广州海事博物馆藏

印"广州"灰陶砖残件

宋（960—1279）
长 17.8 厘米，宽 21.7 厘米，厚 6.5 厘米，
重 3090 克
南海神庙出土
广州海事博物馆藏

标本陶砖

明（1368—1644）

长 30 厘米，宽 11~13.5 厘米，厚 11 厘米，
重 7755 克

南海神庙出土

广州海事博物馆藏

标本陶砖

明（1368—1644）

长 29.8 厘米，宽 11~13.4 厘米，厚 11 厘米，

重 8165 克

南海神庙出土

广州海事博物馆藏

红黄胎小方砖

清（1636—1911）
长 19.5 厘米，宽 15.8 厘米，厚 1.3 厘米，
重 653 克
南海神庙出土
广州海事博物馆藏

黄陶小方砖

清（1636—1911）
长 20 厘米，宽 16.6 厘米，厚 1.6 厘米，
重 708.5 克
南海神庙出土
广州海事博物馆藏

莲花纹陶方砖

清（1636—1911）

长 29.6 厘米，宽 29.6 厘米，厚 4.3 厘米，
重 5875 克

南海神庙出土

广州海事博物馆藏

印花纹黄陶砖

清（1636—1911）
长 20 厘米，宽 18 厘米，厚 5 厘米，
重 1883.5 克
南海神庙出土
广州海事博物馆藏

红胎刻花纹建筑构件残件

清（1636—1911）

长 23 厘米，宽 13.1 厘米，厚 3.7 厘米，
重 1688 克

南海神庙出土

广州海事博物馆藏

印花纹黄陶砖残件

清（1636—1911）

长 30.5 厘米，宽 20.5 厘米，厚 4.5 厘米，
重 3545 克

南海神庙出土

广州海事博物馆藏

黄陶雕花砖残件

清（1636—1911）

长 23 厘米，宽 13.1 厘米，厚 3.7 厘米，
重 1362.5 克

南海神庙出土

广州海事博物馆藏

雕卷草纹黄陶砖残件

清（1636—1911）

长 32.4 厘米，宽 17.7 厘米，厚 4 厘米，

重 2730 克

南海神庙出土

广州海事博物馆藏

红黄胎陶方砖

清（1636—1911）

长 19.6 厘米，宽 16.4 厘米，厚 1.2 厘米，

重 698.5 克

南海神庙出土

广州海事博物馆藏

红陶方砖

民国（1912—1949）

长 18.3 厘米，宽 12.1 厘米，厚 3.5 厘米，
重 1265 克

南海神庙出土

广州海事博物馆藏

黄陶大方砖

民国（1912—1949）

长 36 厘米，宽 36 厘米，厚 4.5 厘米，
重 9470 克

南海神庙出土

广州海事博物馆藏

（二）窗花砖饰残件

黄陶窗花砖饰残件

民国（1912—1949）
长 13 厘米，宽 11.5 厘米，厚 4.2 厘米，
重 426.5 克
南海神庙出土
广州海事博物馆藏

黄陶窗花砖饰残件

民国（1912—1949）
长 14.5 厘米，宽 12 厘米，厚 4 厘米，
重 446 克
南海神庙出土
广州海事博物馆藏

黄陶窗花砖饰残件

民国（1912—1949）

长 13 厘米，宽 11.5 厘米，厚 4.1 厘米，
重 492.5 克

南海神庙出土

广州海事博物馆藏

黄陶窗花砖饰残件

民国（1912—1949）
长 13.5 厘米，宽 12.5 厘米，厚 4 厘米，
重 428 克
南海神庙出土
广州海事博物馆藏

黄陶窗花砖饰残件

民国（1912—1949）

长 10.5 厘米，宽 10 厘米，厚 4.2 厘米，

重 434.5 克

南海神庙出土

广州海事博物馆藏

黄陶窗花砖饰残件

民国（1912—1949）

长 12 厘米，宽 7.5 厘米，厚 4.2 厘米，
重 306 克

南海神庙出土

广州海事博物馆藏

黄陶窗花砖饰残件

民国（1912—1949）

长 8.3 厘米，宽 5 厘米，厚 4.3 厘米，
重 242 克

南海神庙出土

广州海事博物馆藏

黄陶窗花砖饰残件

民国（1912—1949）

长 14.4 厘米，宽 5.3 厘米，厚 4.5 厘米，

重 274.5 克

南海神庙出土

广州海事博物馆藏

黄陶窗花砖饰残件

民国（1912—1949）

长 16.7 厘米，宽 11 厘米，厚 5.3 厘米，

重 493.5 克

南海神庙出土

广州海事博物馆藏

驾象牵犀　拣金拾翠——南海神庙出土文物选编

六　其他

广州海事博物馆现藏南海神庙出土的其他建筑构件残件 6 件，其中宋代 2 件、清代 4 件，质地有陶、木、石等不同类别。

黄陶建筑构件

宋（960—1279）
长 13 厘米，宽 8 厘米，厚 5.8 厘米，
重 236.5 克
南海神庙出土
广州海事博物馆藏

木雕构件残件

宋（960—1279）
长 14 厘米，宽 5.5 厘米，厚 2.5 厘米，
重 43 克
南海神庙出土
广州海事博物馆藏

木构件残件

清（1636—1911）

残长 21.5 厘米，重 61 克

南海神庙出土

广州海事博物馆藏

石建筑构件

清（1636—1911）
长 13.6 厘米，宽 11 厘米，高 9 厘米，
重 2105 克
南海神庙出土
广州海事博物馆藏

红砂岩建筑构件

清（1636—1911）
长 19.2 厘米，宽 12 厘米，高 9.5 厘米，
重 2710 克
南海神庙出土
广州海事博物馆藏

红朱石构件

清（1636—1911）

长 20 厘米，宽 13 厘米，高 14 厘米，
重 4410 克

南海神庙出土

广州海事博物馆藏

第三章

陶器类

南海神庙共出土陶器类文物 128 件，种类丰富，器形丰富，主要包括盒、盆、罐、瓶、壶、碗、灯等，多为生活用器。器物时代集中在汉、宋、明、清、民国等时期。器物质地一般以灰白色、黄色硬陶为主。汉以前施釉的数量较少，宋及以后时期，施酱釉、黑釉、绿釉、黄釉、青釉陶器均有，以黑釉、绿釉为多。个别陶器印有"四联分社""兴利""燊利"等铭文。

在南海神庙出土的陶器蕴藏了多种历史信息，其中有件西汉陶乐器，形制简约，器身可见一孔，形似陶埙或陶哨。按照乐器性能发展来看，秦汉时期的陶器多为礼器，而此件文物显示陶器开始由礼器转变为乐器；同时，从先民生活角度来看，表明距今 2000 多年前此地已有人类生息活动，且日常生活中具有丰富的文化和娱乐生活。又如宋绘花卉纹灰陶盆残件，出土于宋代堂屋基址，出土时已完全脱釉，为残件，后经修复，并对比器形、纹饰，认为其应为瓷器，且与广州西村窑瓷器相近。因唐宋时期南海神庙所在地已是海上丝绸之路重要港口，而西村窑正是外销窑口，故初步推测此残件为西村窑产品。这一发现为宋代扶胥港作为广州外港增添了新的证据，印证着宋代广州瓷器外销贸易的繁荣。

一 陶盒

　　南海神庙出土了 22 件陶盒，皆为清代，均施酱釉。其中，印有底款者有 9 件，分别为"合成造""燊利""四联分社"等字样。陶盒口径皆在 2.2 厘米至 4.5 厘米之间，尺寸较小。该批陶盒中，21 件出土自浴日桥南东侧（浴日亭下方），当为套盒，用来装香料等物品；另 1 件出土于大门牌坊旁。

酱釉陶盒

清（1636—1911）
盖口径 3.9 厘米，罐口径 2.8 厘米，腹径 3.9 厘米，底径 3.5 厘米，通高 3 厘米，重 31.41 克
南海神庙出土
广州海事博物馆藏

酱釉陶盒

清（1636—1911）

盖口径 3.5 厘米，罐口径 2.4 厘米，腹径 3.5 厘米，底径 3.2 厘米，通高 2.9 厘米，
重 26.17 克

南海神庙出土

广州海事博物馆藏

印"燊利"款酱釉灰陶盒

清（1636—1911）

口径 4 厘米，底径 5.2 厘米，高 2.5 厘米，
重 41 克

南海神庙出土

广州海事博物馆藏

印"四联分社"款酱釉陶盒

清（1636—1911）

口径 2.9 厘米，底径 3.5 厘米，高 2.5 厘米，
重 23 克

南海神庙出土

广州海事博物馆藏

陶盒

清（1636—1911）

盖口径 3.5 厘米，罐口径 2.7 厘米，腹径 3.5 厘米，底径 3.3 厘米，通高 3.2 厘米，
重 42.25 克

南海神庙出土

广州海事博物馆藏

酱釉陶盒

清（1636—1911）

盖口径 3.4 厘米，罐口径 2.4 厘米，底径 3.1 厘米，通高 2.4 厘米，

重 20.09 克

南海神庙出土

广州海事博物馆藏

驾象牵犀　拣金拾翠——南海神庙出土文物选编

酱釉陶盒

清（1636—1911）
口径 4.5 厘米，底径 5.1 厘米，高 3 厘米，
重 45 克
南海神庙出土
广州海事博物馆藏

酱釉陶盒

清（1636—1911）

口径 4.4 厘米，底径 5.3 厘米，高 3.1 厘米，

重 38.5 克

南海神庙出土

广州海事博物馆藏

酱釉陶盒

清（1636—1911）
口径 4.2 厘米，底径 5 厘米，高 3.2 厘米，
重 40 克
南海神庙出土
广州海事博物馆藏

酱釉陶盒

清（1636—1911）

口径 2.6 厘米，底径 2.9 厘米，高 2.4 厘米，

重 12 克

南海神庙出土

广州海事博物馆藏

驾象牵犀　拣金拾翠——南海神庙出土文物选编

酱釉陶盒

清（1636—1911）

口径 2.4 厘米，底径 3 厘米，高 2.5 厘米，
重 14.93 克

南海神庙出土

广州海事博物馆藏

陶盒

清（1636—1911）

口径 2.8 厘米，底径 3 厘米，高 2 厘米，
重 22 克

南海神庙出土

广州海事博物馆藏

二 陶盆

陶盆是用来盥洗或盛放物品的容器，口大，底小，多为圆形。陶盆的器形特征是广口、折沿、宽唇、深腹、平底，有圈足或无圈足。同时，陶盆还是古代的一种量器，古制十二斗八升为一盆。南海神庙出土的陶盆共13件，其中汉代1件、宋代10件、清代2件。宋代陶盆均出土于宋代堂屋基址，多为灰陶、黄陶。

绳纹灰陶盆残件

汉（前202年—220）
残长12厘米，宽8.5厘米，厚1厘米，
重126.22克
南海神庙出土
广州海事博物馆藏

黄陶盆残件

宋（960—1279）
口径30厘米，底径17.7厘米，高16.5厘米，
重2265克
南海神庙出土
广州海事博物馆藏

酱釉陶盆残件

宋（960—1279）
残长 23 厘米，厚 0.9 厘米，高 14.5 厘米，
重 544 克
南海神庙出土
广州海事博物馆藏

绘花卉纹灰陶盆残件

宋（960—1279）

口径 31.2 厘米，底径 19 厘米，高 8.8 厘米，
重 1264.5 克

南海神庙出土

广州海事博物馆藏

黄陶盆残件

宋（960—1279）
口径 31.4 厘米，底径 18.9 厘米，高 9 厘米，
重 1392 克
南海神庙出土
广州海事博物馆藏

灰陶盆残件

宋（960—1279）

口径 23.3 厘米，腹径 24 厘米，底径 17.8 厘米，高 8 厘米，
重 826.5 克

南海神庙出土

广州海事博物馆藏

酱釉陶盆残件

宋（960—1279）

口径 23.3 厘米，腹径 26 厘米，底径 19 厘米，高 9 厘米，
重 1013 克

南海神庙出土

广州海事博物馆藏

墨书"庙"字器底残件

南宋（1127—1279）
残长 10.8 厘米，宽 6 厘米，
重 117 克
南海神庙出土
广州海事博物馆藏

　　这件文物残件，器形难辨，据推测可能是陶
盆的底部，指"神庙"无疑。

绿釉陶盆残件

清（1636—1911）
残长 16.5 厘米，高 5.5 厘米，
重 219 克
南海神庙出土
广州海事博物馆藏

三 陶罐

陶罐是盛放食物或者液体的大口器皿，主要形态特征是：敞口、短颈、圆肩、腹部丰满、腹以下渐敛、平底。南海神庙出土的陶罐共8件，有鼓腹罐、无系罐、四系罐以及带柄带流陶罐等。

方格纹灰陶罐残件

汉（前202—220）
口径10.4厘米，腹径14.4厘米，底径11.6厘米，
高10厘米，重662克
南海神庙出土
广州海事博物馆藏

灰陶罐口沿残件

汉（前202—220）
残长18.5厘米，残高11厘米，
重171克
南海神庙出土
广州海事博物馆藏

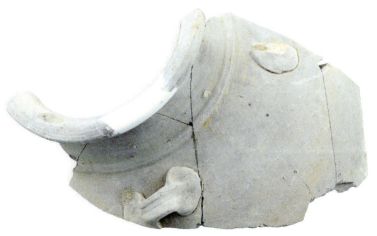

带柄灰陶罐残件

明（1368—1644）

口径 9 厘米，腹径 17 厘米，底径 7.5 厘米，高 18.3 厘米，
重 862 克

南海神庙出土

广州海事博物馆藏

酱釉四系陶罐

清（1636—1911）

口径 5.5 厘米，腹径 10.5 厘米，底径 8.5 厘米，高 8.2 厘米，

重 269.79 克

南海神庙出土

广州海事博物馆藏

黄釉陶罐

清（1636—1911）
口径 3.1 厘米，腹径 3.6 厘米，底径 2.8 厘米，高 4.6 厘米，
重 34.52 克
南海神庙出土
广州海事博物馆藏

四 陶瓶

陶瓶是古代常见的盛水器，一般为小口、深腹，有的在颈、肩或腹部附系，形体较高，有尖底或平底。陶瓶形式较多，各时代器形变化主要表现在口、颈和腹部上。多施釉，以色釉和彩绘为常见。

酱釉陶瓶残件

清（1636—1911）

口径 3 厘米，底径 6.6 厘米，残高 7.5 厘米，重 241 克

南海神庙出土

广州海事博物馆藏

绿釉陶瓶残件

清（1636—1911）
底径 2.5 厘米，高 4.3 厘米，
重 17.5 克
南海神庙出土
广州海事博物馆藏

五　陶壶

　　陶壶是盛酒和装水的器皿，流行于商至汉代。陶壶有多种形制，如凤首壶、茧形壶、扁壶、单耳壶、双耳壶、三耳壶、单柄壶、双柄壶等，不同时期的陶壶有不同的时代特色。商代，其断面为扁圆形，深腹下垂，带扁方形贯耳和圈足，也有长颈鼓腹的圆壶。西周时期，多设有圈顶壶盖，壶盖可倒置用作杯。春秋时，较商周轻巧，多为扁圆壶或方壶，许多壶盖上端做成莲瓣纹，也有在壶盖或壶身装饰鹤、龙等立体动物形象。战国至汉代，由垂腹改为鼓腹，下腹部内收，圈足微外撇或平底，底部小巧而稳重。后世多延续此实用性器形。

酱釉陶壶

清（1636—1911）

口径 8 厘米，腹径 15.5 厘米，底径 7.5 厘米，高 16 厘米，重 788 克

南海神庙出土

广州海事博物馆藏

绿釉陶壶残件

清（1636—1911）

口径 5 厘米，腹径 9.2 厘米，底径 6.5 厘米，高 9.8 厘米，
重 220 克

南海神庙出土

广州海事博物馆藏

驾
象
牵
犀

拣
金
拾
翠
——
南
海
神
庙
出
土
文
物
选
编

印"燊利"款绿釉陶壶

清（1636—1911）

口径 5 厘米，最宽 8.5 厘米，底径 6.5 厘米，高 10.4 厘米，

重 209.5 克

南海神庙出土

广州海事博物馆藏

酱釉陶壶

清（1636—1911）

口径 4.1 厘米，最宽 7.8 厘米，底径 6.4 厘米，
高 8.5 厘米，重 168.5 克

南海神庙出土

广州海事博物馆藏

黄绿釉陶壶

清（1636—1911）

口径 6 厘米，腹径 11.5 厘米，底径 5 厘米，
高 12.5 厘米，重 408 克

南海神庙出土

广州海事博物馆藏

六

陶
碗

　　碗是人们日常必需的饮食器皿，其起源可追溯到新石器时代泥质陶碗。碗的形制从古至今变化不大，即口大底小，口宽而底窄，下有圜底或假圈足，然其在质料、工艺水平和装饰手段等方面则不断变化。

灰陶小碗

汉（前 202—220）

口径 7.6 厘米，底径 4.6 厘米，高 4 厘米，
重 119.87 克

南海神庙出土

广州海事博物馆藏

绿釉陶碗残件

宋（960—1279）

口径 18.3 厘米，足径 8.5 厘米，高 5.8 厘米，
重 349 克

南海神庙出土

广州海事博物馆藏

青釉陶碗残件

明（1368—1644）

口径 9.7 厘米，足径 5.3 厘米，高 4.6 厘米，
重 90.5 克

南海神庙出土

广州海事博物馆藏

酱釉陶碗

清（1636—1911）

口径 9 厘米，足径 4.2 厘米，高 4.6 厘米，
重 114.64 克

南海神庙出土

广州海事博物馆藏

七 陶碟

碟通常是用来盛菜肴或调味品的小盘，形制多样。南海神庙出土的陶碟中，有一些特别器物，如其中一件为锅盔碟（下文第一件）。唐宋时邛窑生产的厚胎、浅盘式瓷碟，粗看似"锅盔"饼，故名锅盔碟。这种碟多用作灯盏和器盖。

酱釉陶碟

清（1636—1911）
口径 6.3 厘米，底径 3.5 厘米，高 1 厘米，
重 31 克
南海神庙出土
广州海事博物馆藏

黄陶碟

清（1636—1911）
口径 5.4 厘米，底径 3.3 厘米，高 0.7 厘米，
重 11.01 克
南海神庙出土
广州海事博物馆藏

八 陶盏

盏一般指茶盏，为饮茶用具，比碗小，比酒杯大，多为敞口、小足或无足，斜直壁，也有带盖，并配以盏托。南海神庙出土的盏多为花口陶盏，一般花口盏有葵花式、菱花式、菊花式、花瓣式等。

黑釉陶盏

清（1636—1911）
口径 6.7 厘米，底径 3.5 厘米，高 1.5 厘米，
重 39.5 克
南海神庙出土
广州海事博物馆藏

陶花口盏残件

清（1636—1911）
口径 10.5 厘米，足径 4.5 厘米，高 2.5 厘米，
重 73 克
南海神庙出土
广州海事博物馆藏

九 陶杯

陶杯是新石器时代出现的酒器，形制多样，主要为圆形，南海神庙出土的陶杯多为此类形制。各地出土的陶杯中，亦有许多特别形制，如龙山文化的高柄杯，多侈口尖唇、深腹高柄、喇叭形足，有的柄上还有镂空装饰。此外，常见的还有如鸟、牛首、虎首、龙首等动物形杯。

褐釉陶杯残件

明（1368—1644）
口径 7.2 厘米，底径 4 厘米，高 4 厘米，
重 61.5 克
南海神庙出土
广州海事博物馆藏

十 陶钵

陶钵，呈矮盂形，腰部凸出，钵口、底向中心收缩，直径比腰小，像盆而较小。陶钵是洗涤或盛放东西的陶制器具，出现于新石器时代，一般用来盛饭、菜、茶水等。钵也泛指僧人所用的食器，有瓦钵、铁钵、木钵等。

酱釉陶钵残件

清（1636—1911）

口径 16.5 厘米，底径 14 厘米，高 5.4 厘米，
重 291 克

南海神庙出土

广州海事博物馆藏

十一 陶釜、灶

釜是一种炊具，圆底无足，釜口为圆形，用于煮、炖食物等，其使用方式主要是三个活动的支脚加上陶釜，可算是"锅"的前身。陶釜最早出现在新石器时代仰韶文化时期，与陶灶相配合使用，相当于现在的锅。随着秦汉时期陶砖制造技艺的进步，炉灶普及，陶釜便可直接置于灶上烹煮食品。与陶鼎和陶鬲相比，陶釜可以节省烹煮时间和燃料，因而逐渐取代陶鼎、陶鬲成为主要炊器。

红陶釜残件

西汉（前 202—8）

口径 22.4 厘米，腹径 22.4 厘米，高 15.1 厘米，
重 1800 克

南海神庙出土

广州海事博物馆藏

红陶炉灶残件

民国（1912—1949）

口径 28.5 厘米，底径 19.5 厘米，高 22.5 厘米，
重 4700 克

南海神庙出土

广州海事博物馆藏

驾象牵犀　拣金拾翠——南海神庙出土文物选编

十二　陶乐器

陶制乐器为中国最古老的乐器之一，包括陶埙、陶钟、陶铃、陶号角等。它们以奇巧的外形和独特的音质，成为中国乐器发展史上独特的组成部分。南海神庙出土的一件陶乐器，或为陶埙。西安半坡遗址出土的陶埙，是一种陶质的口哨。陶埙的形状呈橄榄形，腹部较粗圆，两头细尖。其上制作一些孔洞，通过吹气发出声音。在原始社会，陶埙最重要的功能是狩猎时引诱猎物，后来从单音阶发展到多音阶，最后演变为一种乐器。

陶乐器

西汉（前 202—8）
残长 3.8 厘米，宽 1.5 厘米，
重 6.99 克
南海神庙出土
广州海事博物馆藏

126

陶灯最早出现在汉代，灯碗内盛放油脂，以供照明。陶灯有单层或多层灯盏，多为捏塑制成，装饰有人形或动物形俑。陶灯是人们日常的生活用具。《辞海》言："灯，本作镫，照明器具"，"镫"亦通"登"，即《尔雅·释器》所载"瓦豆谓之登"，可见陶豆（食器）与陶灯之间存在同源关系。考古发现春秋战国时期已有豆形灯出现，证实由豆演化出灯、灯豆同源，豆形灯是古代灯具的最初原型。

南海神庙出土的陶灯也源自这一古代流传下来的豆形灯，随着明清时期烛台的广泛使用，豆形灯具的发展也走上巅峰，但随着技术的不断革新，豆形灯逐渐被替代，淡出人们的生活。

黑釉陶灯盏残件

清（1636—1911）
口径 8.6 厘米，底径 3.5 厘米，高 2.2 厘米，
重 91.49 克
南海神庙出土
广州海事博物馆藏

酱釉陶灯盏

清（1636—1911）
口径 5.8 厘米，最宽 6.1 厘米，底径 5.5 厘米，高 4.6 厘米，
重 63.5 克
南海神庙出土
广州海事博物馆藏

绿釉陶灯残件

清（1636—1911）
口径 6.5 厘米，底径 10 厘米，
重 250 克
南海神庙出土
广州海事博物馆藏

绿釉陶高把灯盏

清（1636—1911）
口径 6.4 厘米，底径 13 厘米，高 19.6 厘米，
重 573 克
南海神庙出土
广州海事博物馆藏

绿釉陶灯残件

清（1636—1911）
口径 6.2 厘米，底径 7 厘米，
重 132.95 克
南海神庙出土
广州海事博物馆藏

白釉陶灯盏

清（1636—1911）

口径 6.2 厘米，底径 2.5 厘米，高 1.6 厘米，
重 32.62 克

南海神庙出土

广州海事博物馆藏

驾象牵犀　拣金拾翠——南海神庙出土文物选编

青釉陶灯座

清（1636—1911）
底径 13.5 厘米，残高 6.5 厘米，
重 465 克
南海神庙出土
广州海事博物馆藏

十四 器盖

自宋代起，宜兴紫砂陶、坭兴陶、荣昌陶和建水陶等陆续出现，被称为"中国四大名陶"。其中，紫砂陶器产于江苏省宜兴县丁蜀镇，以当地质地细腻、含铁量较高的特种黏土制成，质地坚硬，透气性好，呈色以赤褐色为主。到明代中叶，在手工业政策和社会氛围的推动下，紫砂器生产得到飞速发展，工艺成熟，名匠辈出，造型、装饰上的文人趣味形成了 道文化风景线，流传至今。

灰陶器盖

南宋（1127—1279）
直径 12 厘米，高 2.8 厘米，
重 148 克
南海神庙出土
广州海事博物馆藏

紫砂壶盖

清（1636—1911）
子口径 3.9 厘米，檐径 4.4 厘米，高 2.8 厘米，
重 22.5 克
南海神庙出土
广州海事博物馆藏

陶器盖

清（1636—1911）
直径 10.9 厘米，厚 0.8 厘米，
重 116.5 克
南海神庙出土
广州海事博物馆藏

陶器盖

清（1636—1911）
直径 9.2 厘米，檐径 12.5 厘米，高 2.5 厘米，
重 147 克
南海神庙出土
广州海事博物馆藏

酱釉陶器盖残件

清（1636—1911）
子口径 3.8 厘米，檐径 5 厘米，残高 3.3 厘米，
重 34 克
南海神庙出土
广州海事博物馆藏

酱釉陶器盖残件

清（1636—1911）
子口径 3.5 厘米，檐径 4.9 厘米，高 4.3 厘米，
重 59.5 克
南海神庙出土
广州海事博物馆藏

灰陶器盖

清（1636—1911）
口径 4.7 厘米，高 1.3 厘米，
重 20.08 克
南海神庙出土
广州海事博物馆藏

黄陶器盖

清（1636—1911）
口径 4.5 厘米，高 1.1 厘米，
重 18.5 克
南海神庙出土
广州海事博物馆藏

黑釉陶器盖

清（1636—1911）

口径 7 厘米，高 3 厘米，

重 64.08 克

南海神庙出土

广州海事博物馆藏

红釉陶器盖

清（1636—1911）

子口径 2.6 厘米，檐径 3.8 厘米，高 4 厘米，

重 33.5 克

南海神庙出土

广州海事博物馆藏

酱釉陶器盖

民国（1912—1949）
口径 5.2 厘米，高 2.6 厘米，
重 26 克
南海神庙出土
广州海事博物馆藏

十五　杂器

陶土雕塑、烧制的杂器，可分为灶、屋、仓等模型和以神、人和动物形象为主的雕塑等两大类。清代，宜兴、石湾等窑盛产上述艺术品，南海神庙出土的神像，推测或来自石湾窑。

方格纹与戳印纹组合红陶残件

西汉（前 202—8）
长 15.5 厘米，宽 8.3 厘米，高 6.2 厘米，
重 225.5 克
南海神庙出土
广州海事博物馆藏

黄陶佛像残件

清（1636—1911）
长 4.8 厘米，宽 5.3 厘米，残高 9 厘米，
重 124 克
南海神庙出土
广州海事博物馆藏

黄绿釉陶像残件

清（1636—1911）

残高 6.5 厘米，
重 72.9 克

南海神庙出土

广州海事博物馆藏

酱釉陶佛像

清（1636—1911）
长 5.1 厘米，宽 3 厘米，高 6.1 厘米，
重 70.51 克
南海神庙出土
广州海事博物馆藏

黑釉陶俑残件

清（1636—1911）
残高 10 厘米，
重 250.5 克
南海神庙出土
广州海事博物馆藏

绿釉六角陶顶饰残件

清（1636—1911）
长 5.2 厘米，高 2.2 厘米，
重 24.5 克
南海神庙出土
广州海事博物馆藏

陶玩具

清（1636—1911）
长 2 厘米，宽 0.9 厘米，高 2.7 厘米，
重 6.8 克
南海神庙出土
广州海事博物馆藏

陶球

清（1636—1911）
直径 3.5~4 厘米，
重 51.99 克
南海神庙出土
广州海事博物馆藏

陶管形器（网坠）

清（1636—1911）
口径 1.4 厘米，长 4.4 厘米，
重 18.36 克
南海神庙出土
广州海事博物馆藏

灰陶器

清（1636—1911）
长 7.5 厘米，宽 1.2~3.8 厘米，厚 1.7 厘米，
重 67 克
南海神庙出土
广州海事博物馆藏

陶拍残件

清（1636—1911）
直径 9.5 厘米，高 2.6 厘米，
重 82.5 克
南海神庙出土
广州海事博物馆藏

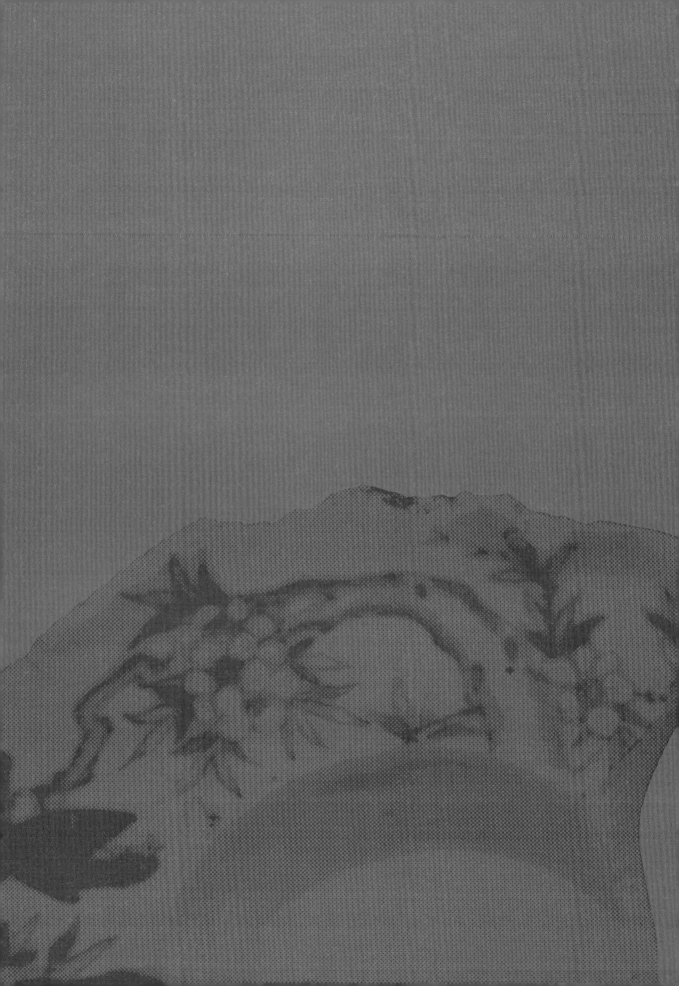

第四章

瓷器类

　　广州海事博物馆藏南海神庙出土瓷器 589 件。出土瓷器主要分布于宋代堂屋建筑基址的方形水池内、明代码头遗址南段（接官亭前）北段（浴日亭山脚处）、清代码头遗址等区域。器形以碗、盘、杯、碟、油灯等为主，多为生活用器。装饰技艺主要涉及青花、粉彩、单色釉、贴画等，其中青花瓷所占比例最重。

　　南海神庙出土青花瓷器 390 件。青花瓷是中国瓷器的主流品种之一，属釉下彩瓷。是以含氧化钴的钴矿为原料，在陶瓷坯体上描绘纹饰，再罩上一层透明釉，经高温还原焰一次烧成。原始青花瓷于唐宋已见端倪，至明代青花成为瓷器的主流。明清时期，人们还创烧出了青花五彩、豆青釉青花、黄地青花等衍生品种。南海神庙出土的青花瓷器图案有山水、花卉、珍禽、文字等。从明、清码头遗址的烧祭坑出土的大批清代青花杯、碗、盘、酒壶器盖等文物可大致推测，这些瓷器当为祭神信众家中日常所用器具，来此祭拜时作为祭神道具使用。

一 瓷碗

　　碗，饮食器，器形为大口，深腹，平底、圈足或假圈足。早期的碗，口大底小，造型矮胖，后期碗壁逐渐升高，底部放大。南海神庙出土的瓷器中以瓷碗为最多，器形以敞口、撇口、卷沿、花口、敛口，深腹，平底、圈足为常见。宋代瓷碗装饰技法涉及划花、剔花、印花等，明代以后多见青花、粉彩及单色釉等，纹饰内容以山水花鸟图案为主。广州海事博物馆现藏南海神庙出土瓷碗共249件，其中宋代30件、明代22件、清代190件、民国7件。

青白釉瓷碗残件

宋（960—1279）
口径 17.3 厘米，底径 7.5 厘米，高 5.7 厘米，
重 242 克
南海神庙出土
广州海事博物馆藏

青釉瓷碗

宋（960—1279）

口径 15.2 厘米，足径 6 厘米，高 6.4 厘米，
重 286 克

南海神庙出土

广州海事博物馆藏

青釉瓷碗残件

宋（960—1279）

口径 14.3 厘米，足径 6 厘米，高 5.4 厘米，
重 248 克

南海神庙出土

广州海事博物馆藏

青釉瓷碗残件

宋（960—1279）

口径 16.6 厘米，足径 6.2 厘米，高 6.5 厘米，

重 285 克

南海神庙出土

广州海事博物馆藏

青白釉划花卉纹瓷碗残件

宋（900—1279）

口径 17 厘米，足径 5.7 厘米，高 4.7 厘米，

重 229.5 克

南海神庙出土

广州海事博物馆藏

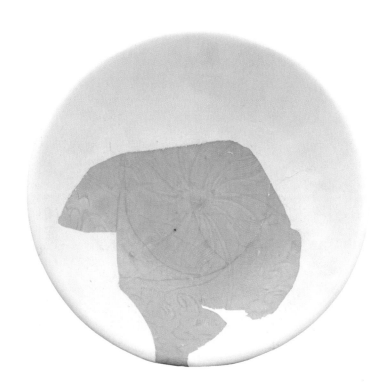

青釉划花卉纹（花口）瓷碗残件

宋（960—1279）

口径 16.3 厘米，足径 5.3 厘米，高 4.6 厘米，

重 235.5 克

南海神庙出土

广州海事博物馆藏

青釉瓷碗残件

宋（960—1279）

口径 15.9 厘米，足径 6 厘米，高 7.1 厘米，
重 298.5 克

南海神庙出土

广州海事博物馆藏

青釉瓷碗残件

宋（960—1279）

口径 12.2 厘米，足径 4.3 厘米，高 4.2 厘米，
重 130.5 克

南海神庙出土

广州海事博物馆藏

青釉划菊瓣纹花口瓷碗残件

宋（960—1279）

口径约 11 厘米，足径 3.5 厘米，高 3.8 厘米，

重 81.5 克

南海神庙出土

广州海事博物馆藏

青釉瓷碗残件

宋（960—1279）

口径 11.9 厘米，足径 4.2 厘米，高 4.5 厘米，
重 119.5 克

南海神庙出土

广州海事博物馆藏

青釉刻花卉纹瓷碗残件

南宋（1127—1270）

口径 14 厘米，足径 4.8 厘米，高 5.5 厘米，

重 176 克

南海神庙出土

广州海事博物馆藏

印菊瓣纹青釉瓷碗

南宋（1127—1279）

口径 16 厘米，足径 6.8 厘米，高 6.8 厘米，
重 358 克

南海神庙出土

广州海事博物馆藏

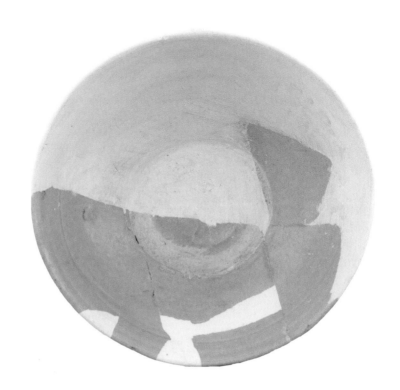

豆青釉瓷碗残件

明（1368—1644）

口径 12.8 厘米，足径 4.6 厘米，高 6.6 厘米，
重 213 克

南海神庙出土

广州海事博物馆藏

豆青釉瓷碗残件

明（1368—1644）

口径 13.3 厘米，足径 4.9 厘米，高 6.5 厘米，
重 234 克

南海神庙出土

广州海事博物馆藏

白釉瓷碗残件

明（1368—1644）
口径 11.3 厘米，足径 5.9 厘米，高 4.8 厘米，
重 126.82 克
南海神庙出土
广州海事博物馆藏

青釉刻菊瓣纹瓷碗残件

明（1368—1644）

口径 14.1 厘米，足径 6.2 厘米，高 5.8 厘米，

重 211 克

南海神庙出土

广州海事博物馆藏

青釉划菊瓣纹瓷碗残件

明（1368—1644）

口径 14 厘米，足径 5.6 厘米，高 6.3 厘米，
重 283.24 克

南海神庙出土

广州海事博物馆藏

青釉瓷碗残件

明（1368—1644）
口径 15.2 厘米，足径 6.8 厘米，高 5.3 厘米，
重 324 克
南海神庙出土
广州海事博物馆藏

青釉瓷碗残件

明（1368—1644）

口径 15.1 厘米，足径 8 厘米，高 4.6 厘米，

重 230.5 克

南海神庙出土

广州海事博物馆藏

青釉莲瓣纹印"清"字瓷碗残件

明（1368—1644）

口径 15 厘米，足径 8.5 厘米，高 4.9 厘米，
重 269.5 克

南海神庙出土

广州海事博物馆藏

印"白玉斋"款白瓷碗底残件

明（1368—1644）

残长 9 厘米，足径 5.2 厘米，残高 3.6 厘米，
重 94.5 克

南海神庙出土

广州海事博物馆藏

驾象牵犀　拣金拾翠——南海神庙出土文物选编

青花花卉纹瓷碗残件

明（1368—1644）

长 7.4 厘米，宽 5.5 厘米，厚 2.36 厘米，
重 26 克

南海神庙出土

广州海事博物馆藏

青花文字瓷碗残件

清（1636—1911）

口径 7.4 厘米，足径 3.1 厘米，高 3.8 厘米，
重 24.5 克

南海神庙出土

广州海事博物馆藏

青花云龙纹瓷碗残件

清（1636—1911）
长 7.8 厘米，足径 5 厘米，高 3.4 厘米，
重 64 克
南海神庙出土
广州海事博物馆藏

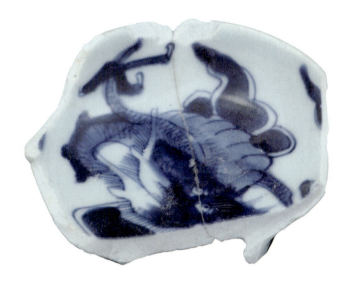

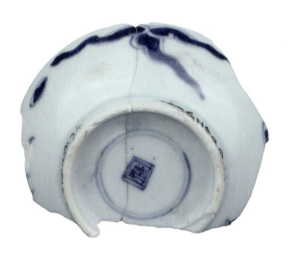

外酱釉内青花鱼藻纹瓷碗残件

清（1636—1911）
足径 4.3 厘米，高 6.3 厘米，
重 97 克
南海神庙出土
广州海事博物馆藏

釉下青花绿彩折枝花卉纹瓷碗残件

清（1636—1911）

口径 17 厘米，足径 7.2 厘米，高 8 厘米，
重 446 克

南海神庙出土

广州海事博物馆藏

青花花卉"囍"字纹瓷碗残件

清（1636—1011）
足径 4.8 厘米，高 5 厘米，
重 95.5 克
南海神庙出土
广州海事博物馆藏

驾象牵犀　拣金拾翠——南海神庙出土文物选编

青花花卉双喜纹瓷碗残件

清（1636—1911）

口径 14.5 厘米，足径 6.1 厘米，高 5.8 厘米，

重 263 克

南海神庙出土

广州海事博物馆藏

青花双喜纹瓷碗残件

清（1636—1911）
残长9.3厘米，足径5厘米，高6厘米，
重47.5克
南海神庙出土
广州海事博物馆藏

青花瓷碗残件

清（1636—1911）

残长 15.8 厘米，足径 7.3 厘米，高 7 厘米，
重 163 克

南海神庙出土

广州海事博物馆藏

青花花卉纹瓷碗残件

清（1636—1911）

口径 9.9 厘米，足径 3.5 厘米，高 4.5 厘米，

重 87.5 克

南海神庙出土

广州海事博物馆藏

青花花卉纹瓷碗残件

清（1636—1911）

口径 7.6 厘米，足径 2.5 厘米，高 3.6 厘米，
重 54 克

南海神庙出土

广州海事博物馆藏

釉下青花绿彩花卉纹瓷碗残件

清（1636—1911）

口径 12.2 厘米，足径 5.6 厘米，高 5.7 厘米，

重 178.5 克

南海神庙出土

广州海事博物馆藏

青花花卉纹瓷碗残件

清（1636—1911）

残长 11.4 厘米，足径 9 厘米，高 3.3 厘米，

重 61.5 克

南海神庙出土

广州海事博物馆藏

青花直线纹瓷碗残件

清（1636—1911）

残长 6.8 厘米，足径 4.4 厘米，高 4.3 厘米，

重 41.5 克

南海神庙出土

广州海事博物馆藏

豆青釉瓷碗残件

清（1838—1911）

口径 13.2 厘米，足径 5.1 厘米，高 6.4 厘米，
重 224.5 克

南海神庙出土

广州海事博物馆藏

豆青釉瓷碗残件

清（1636—1911）

口径 8.2 厘米，足径 4.5 厘米，高 2.7 厘米，
重 55.5 克

南海神庙出土

广州海事博物馆藏

青花飞凤纹瓷碗残件

清（1636—1911）

残长 7.6 厘米，足径 6 厘米，高 5.1 厘米，
重 70.5 克

南海神庙出土

广州海事博物馆藏

青花飞凤纹瓷碗残件

清（1636—1911）

口径 13 厘米，足径 5.4 厘米，高 5 厘米，
重 160 克

南海神庙出土

广州海事博物馆藏

青花山水纹瓷碗残件

清（1636—1911）

口径 11.5 厘米，足径 5.3 厘米，高 5.9 厘米，

重 160.68 克

南海神庙出土

广州海事博物馆藏

青花花卉纹瓷碗残件

清（1636—1911）

口径 12.4 厘米，足径 6 厘米，高 6.5 厘米，
重 283 克

南海神庙出土

广州海事博物馆藏

青花（花卉纹）珍珠纹瓷碗残件

清（1636—1911）

残长 9.8 厘米，足径 6.8 厘米，高 3.6 厘米，
重 81 克

南海神庙出土

广州海事博物馆藏

黄釉瓷碗残件

清（1636—1911）

口径 12.9 厘米，足径 5.1 厘米，高 4.8 厘米，
重 108 克

南海神庙出土

广州海事博物馆藏

青花"福"字纹瓷碗残件

清（1636—1911）
残长 6.5 厘米，足径 5.2 厘米，残高 2.1 厘米，
重 39 克
南海神庙出土
广州海事博物馆藏

康熙款青花瓷碗残件

清（1636—1911）
残长5.5厘米，足径3.4厘米，残高2.3厘米，
重36克
南海神庙出土
广州海事博物馆藏

驾象牵犀 拣金拾翠——南海神庙出土文物选编

康熙款青花瓷碗残件

清（1636—1911）

残长 7.4 厘米，足径 3.5 厘米，残高 2 厘米，
重 41 克

南海神庙出土

广州海事博物馆藏

青花人物纹瓷碗残件

清（1636—1911）

口径 8.8 厘米，足径 3.7 厘米，高 4.5 厘米，
重 68.5 克

南海神庙出土

广州海事博物馆藏

青花海浪纹瓷碗残件

清（1636—1911）
口径 12.2 厘米，足径 5.5 厘米，高 3.8 厘米，
重 126.5 克
南海神庙出土
广州海事博物馆藏

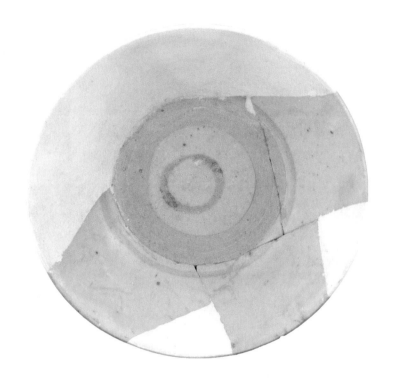

粉彩八角瓷碗残件

民国（1912—1949）

口径 13.5 厘米，足径 7 厘米，高 4.2 厘米，

重 189.5 克

南海神庙出土

广州海事博物馆藏

釉下红绿彩花卉纹八角瓷碗残件

民国（1912—1949）
口径 17.5 厘米，足径 9 厘米，高 6 厘米，
重 342 克
南海神庙出土
广州海事博物馆藏

粉彩公鸡纹瓷碗残件

民国（1912—1949）
残长 12 厘米，足径 9.5 厘米，高 5.8 厘米，
重 97 克
南海神庙出土
广州海事博物馆藏

二 瓷盘

盘，一种敞口而较浅的盛器，为常见的日用器皿。原始瓷盘最早在商代出现，东汉以后主要流行平盘、汤盘、托盘等种类。器形以圆形为主，也有方形、椭圆形。盘口有唇口、葵口、花口、菱口、菊瓣口、板沿等样式。足式有平底、圈足、高喇叭形圈足等。在南海神庙出土的瓷盘年代集中为清代。清代瓷盘常见的有两种：一种是侈口，腹壁微弧，圈足较深，足尖圆滑，这种盘清早期腹较深、形体厚大。另一种是折腰撇沿，折腰线下部弧圆，上部斜直，圈足较浅，胎体相对薄小。清代瓷盘的装饰方法丰富多样，有斗彩、粉彩、五彩、青花及单色釉等。内容多为龙凤、山水人物、花鸟鱼虫和有特殊寓意的吉祥图案。广州海事博物馆现藏南海神庙出土的瓷盘53件，其中明代1件、清代48件、民国3件、现代1件。

豆青釉瓷盘残件

明（1368—1644）
残长 11.5 厘米，高 2.7 厘米，
重 48.5 克
南海神庙出土
广州海事博物馆藏

豆青釉青花山水纹瓷盘残件

清（1636—1911）
残长 15.5 厘米，残宽 5 厘米，高 10.7 厘米，
重 172 克
南海神庙出土
广州海事博物馆藏

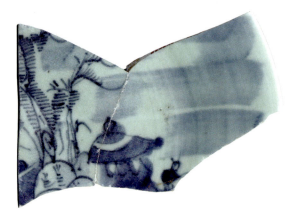

青花花卉纹瓷盘残件

清（1636—1911）

残长 15.2 厘米，足径 9.5 厘米，高 3 厘米，
重 125.5 克

南海神庙出土

广州海事博物馆藏

青花过墙龙纹瓷盘残件

清（1636—1911）

口径 28.5 厘米，足径 16.7 厘米，高 5.9 厘米，
重 737 克

南海神庙出土

广州海事博物馆藏

青花过墙龙纹瓷盘残件

清（1636—1911）

残长 13.4 厘米，足径 8.1 厘米，高 3.2 厘米，

重 67 克

南海神庙出土

广州海事博物馆藏

青花麒麟纹瓷盘残件

清（1636—1911）

口径 11.7 厘米，足径 5.6 厘米，高 2.3 厘米，
重 69 克

南海神庙出土

广州海事博物馆藏

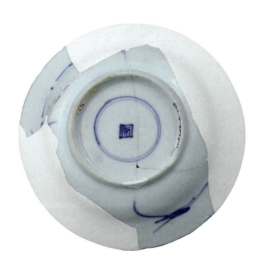

青花鱼藻纹瓷盘残件

清（1636—1911）

残长 8.5 厘米，残宽 5 厘米，高 2.2 厘米，
重 34.45 克

南海神庙出土

广州海事博物馆藏

青花树叶纹瓷盘残件

清（1636—1911）

口径 21 厘米，足径 11.5 厘米，高 4.3 厘米，
重 367 克

南海神庙出土

广州海事博物馆藏

贴花卉纹瓷盘残件

清（1636—1911）
残长 22.7 厘米，底径 10.3 厘米，高 4 厘米，
重 272.5 克
南海神庙出土
广州海事博物馆藏

　　瓷盘残件底部有一完整款识图案，图案下方有 "N.K.PORCELAIN CO." 英文字样，或为清代外销商品。

青花花鸟纹瓷托残件

清（1636—1911）
残长 7.5 厘米，高 2.8 厘米，
重 23 克
南海神庙出土
广州海事博物馆藏

贴花卉纹瓷盘残件

清（1636—1911）
口径 15 厘米，足径 6.5 厘米，高 3.2 厘米，
重 159 克
南海神庙出土
广州海事博物馆藏

青花花卉纹瓷盘残件

清（1636—1011）
口径 17.7 厘米，足径 10 厘米，高 3.2 厘米，
重 251.5 克
南海神庙出土
广州海事博物馆藏

粉彩人物瓷盘残件

清（1636—1911）
足径 6.7 厘米，高 2.1 厘米，
重 53.5 克
南海神庙出土
广州海事博物馆藏

粉彩花卉纹瓷盘残件

清（1636—1911）
残长 6.2 厘米，足径 4 厘米，高 2.4 厘米，
重 17.5 克
南海神庙出土
广州海事博物馆藏

粉彩花卉纹瓷盘残件

清（1636—1911）

残长 7.8 厘米，足径 4.3 厘米，高 2.5 厘米，
重 30 克

南海神庙出土

广州海事博物馆藏

粉彩花卉纹瓷盘残件

清（1636—1911）

残长 13.5 厘米，足径 8 厘米，高 2.2 厘米，
重 93.5 克

南海神庙出土

广州海事博物馆藏

粉彩公鸡纹葵口瓷盘残件

清（1636—1911）
口径 15.7 厘米，足径 9.4 厘米，高 3.3 厘米，
重 194.5 克
南海神庙出土
广州海事博物馆藏

粉彩花卉纹瓷盘残件

清（1636—1911）
口径 15.8 厘米，足径 9.6 厘米，高 3.6 厘米，
重 201.5 克
南海神庙出土
广州海事博物馆藏

青釉瓷盘残件

清（1636—1911）
残长 9.5 厘米，高 2.5 厘米，
重 70 克
南海神庙出土
广州海事博物馆藏

豆青釉瓷盘残件

清（1636—1911）
残长 12 厘米，高 2.6 厘米，
重 77 克
南海神庙出土
广州海事博物馆藏

青花花卉纹瓷盘残件

民国（1912—1949）
残长 11.3 厘米，足径 6.6 厘米，高 2.4 厘米，
重 48.82 克
南海神庙出土
广州海事博物馆藏

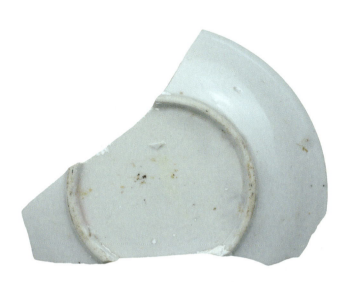

青花圆纹瓷盘残件

民国（1912—1949）
口径 9.7 厘米，足径 4.9 厘米，高 2.4 厘米，
重 78.13 克
南海神庙出土
广州海事博物馆藏

花卉纹瓷盘残件

民国（1912—1949）

口径 7 厘米，足径 3.7 厘米，高 2 厘米，
重 35.5 克

南海神庙出土

广州海事博物馆藏

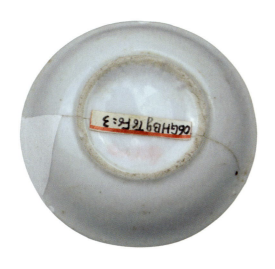

驾象牵犀　拣金拾翠——南海神庙出土文物选编

三　瓷杯

杯，一种饮器，有陶质和瓷质。其中，陶制杯在新石器时代各个文化类型均有发现，至隋唐时期流行彩色釉陶杯和绞胎杯。瓷质杯出现在战国至东汉时期，明清时期瓷杯更是名品辈出，如永乐压手杯、成化斗彩鸡缸杯、康熙五彩花神杯等。在南海神庙出土的瓷杯以明清时期为主，器形方面多为直口或敞口，深腹或浅腹，平底或圈足，无把，不带盖；装饰方法有粉彩、五彩、青花及单色釉等；纹饰内容以龙凤、山水人物、花鸟鱼虫和墨书、八卦图案为主。广州海事博物馆现藏南海神庙出土的瓷杯共计186件，其中明代5件、清代170件、民国11件。

白釉瓷杯残件

明（1368—1644）
口径7厘米，足径4.6厘米，高4.6厘米，
重58克
南海神庙出土
广州海事博物馆藏

豆青釉瓷杯残件

明（1368—1644）

残长 6 厘米，足径 2.1 厘米，高 3 厘米，
重 17.5 克

南海神庙出土

广州海事博物馆藏

青花八卦纹瓷杯残件

清（1636—1911）

口径 5.2 厘米，足径 2.3 厘米，高 2.8 厘米，

重 21 克

南海神庙出土

广州海事博物馆藏

青花八卦纹瓷杯残件

清（1636—1911）

口径 5.1 厘米，足径 1.9 厘米，高 2.9 厘米，

重 20.5 克

南海神庙出土

广州海事博物馆藏

青花八卦纹瓷杯残件

清（1636—1911）
口径 5.1 厘米，足径 2.4 厘米，高 3 厘米，
重 17 克
南海神庙出土
广州海事博物馆藏

青花花卉纹瓷杯

清（1636—1911）

口径 4.4 厘米，足径 2.3 厘米，高 2.1 厘米，

重 17 克

南海神庙出土

广州海事博物馆藏

青花万寿纹瓷杯残件

清（1636—1911）
口径 9 厘米，足径 4 厘米，高 4.4 厘米，
重 28.5 克
南海神庙出土
广州海事博物馆藏

青花栅栏纹瓷杯残件

清（1636—1911）
口径 4.8 厘米，足径 2.7 厘米，高 2.8 厘米，
重 14 克
南海神庙出土
广州海事博物馆藏

青花栅栏纹瓷杯

清（1636—1911）

口径 5.2 厘米，足径 2.8 厘米，高 3.2 厘米，
重 22 克

南海神庙出土

广州海事博物馆藏

青花栅栏纹瓷杯残件

清（1636—1911）

口径 5 厘米，足径 2.9 厘米，高 2.8 厘米，
重 8.7 克

南海神庙出土

广州海事博物馆藏

外酱釉内青花鱼藻纹瓷杯残件

清（1636—1911）

口径 7.3 厘米，足径 2.8 厘米，高 4.9 厘米，
重 64.35 克

南海神庙出土

广州海事博物馆藏

外酱釉内青花瓷杯残件

清（1636—1911）

口径 8 厘米，足径 3 厘米，高 5.4 厘米，
重 64.35 克

南海神庙出土

广州海事博物馆藏

青花花卉纹瓷杯残件

清（1636—1911）

残长 6.2 厘米，足径 3.2 厘米，高 3.5 厘米，
重 18 克

南海神庙出土

广州海事博物馆藏

青花花卉纹瓷杯残件

清（1636—1911）

残长 6.4 厘米，足径 3 厘米，高 4 厘米，
重 53.5 克

南海神庙出土

广州海事博物馆藏

驾象牵犀　拣金拾翠——南海神庙出土文物选编

青花飞龙纹瓷杯残件

清（1636—1911）

残长 7.4 厘米，足径 3.7 厘米，高 5.8 厘米，
重 17.5 克

南海神庙出土

广州海事博物馆藏

青花"大"字纹瓷杯残件

清（1636—1911）

口径 7 厘米，足径 2.6 厘米，高 3.6 厘米，
重 22 克

南海神庙出土

广州海事博物馆藏

青花龙戏珠纹瓷杯残件

清（1636—1911）

残长 3.8 厘米，足径 2.4 厘米，高 2.7 厘米，
重 13.5 克

南海神庙出土

广州海事博物馆藏

青花飞凤纹瓷杯残件

清（1636—1911）

残长 7.3 厘米，高 3.5 厘米，
重 24.5 克

南海神庙出土

广州海事博物馆藏

青花山水纹直身瓷杯残件

清（1636—1911）
足径 5.4 厘米，高 4.4 厘米，
重 30.5 克
南海神庙出土
广州海事博物馆藏

白釉瓷杯

清（1636—1911）

口径 4 厘米，足径 1.7 厘米，高 2.5 厘米，
重 14.62 克

南海神庙出土

广州海事博物馆藏

豆青釉瓷杯残件

清（1636—1911）

口径 7 厘米，足径 3.1 厘米，高 4.5 厘米，
重 64 克

南海神庙出土

广州海事博物馆藏

豆青釉瓷杯残件

清（1636—1911）
残长 5 厘米，足径 1.9 厘米，高 2.7 厘米，
重 13 克
南海神庙出土
广州海事博物馆藏

粉彩花卉纹瓷杯

清（1636—1911）
口径 4.3 厘米，足径 1.8 厘米，高 2.5 厘米，
重 18.09 克
南海神庙出土
广州海事博物馆藏

233

粉彩花卉纹八角瓷杯残件

清（1636—1911）

残长 6.5 厘米，足径 3.3 厘米，高 5.2 厘米，
重 53.5 克

南海神庙出土

广州海事博物馆藏

酱釉瓷杯残件

清（1636—1911）

口径 5.6 厘米，足径 2.4 厘米，高 4.5 厘米，
重 33 克

南海神庙出土

广州海事博物馆藏

青花团凤纹瓷杯残件

民国（1912—1949）
口径 7.3 厘米，足径 2.7 厘米，高 5.2 厘米，
重 55 克
南海神庙出土
广州海事博物馆藏

釉下青花红绿彩花卉纹瓷杯残件

民国（1912—1949）

口径 5.8 厘米，足径 2.4 厘米，高 4.5 厘米，
重 41 克

南海神庙出土

广州海事博物馆藏

红绿彩白瓷小杯

民国（1912—1949）

口径 4.3 厘米，足径 1.8 厘米，高 2.4 厘米，
重 15.5 克

南海神庙出土

广州海事博物馆藏

粉彩瓷杯

民国（1912—1949）

口径 4.3 厘米，足径 2.3 厘米，高 3.5 厘米，
重 23.98 克

南海神庙出土

广州海事博物馆藏

四　瓷灯

灯，照明用具，古代称"镫"或"登"。南海神庙出土的灯具主要有"豆形灯""瓷油灯""壁灯"三种类型。其中，"豆形灯"的造型与"豆"接近，"豆"是新石器时代晚期到战国时期的餐具，上部敞口浅盘，中部有高柄，下部为喇叭口形圈足。"瓷油灯"的造型基本上由灯盏、灯柱和底座三部分构成。"壁灯"是传统灯式之一，流行于唐代，到了明清时期，壁灯多用瓷制，并雕塑成动物形象，美观且实用。广州海事博物馆现藏南海神庙出土的瓷灯6件，均为清代藏品。

青釉瓷灯残件

清（1636—1911）
残长 5.5 厘米，足径 3.8 厘米，高 4.3 厘米，
重 52.5 克
南海神庙出土
广州海事博物馆藏

灰白瓷灯残件

清（1636—1911）

最长 10 厘米，口径 3.8 厘米，腹径 6 厘米，残高 9.5 厘米，
重 133 克

南海神庙出土

广州海事博物馆藏

五 瓷碟

碟，盛菜肴或调味品的小盘，主要有敞口、撇口、敛口、洗口、卷沿、板沿、折腰式、葵瓣式、荷叶式、方形转角式和花形攒碟等样式。南海神庙出土的瓷碟器形以敞口、撇口、菊瓣口、板沿，浅腹，平底，矮圈足为常见。装饰技法涉及粉彩、青花及单色釉等。纹饰内容以山水花鸟图案为主。广州海事博物馆现藏南海神庙出土的瓷碟 61 件，其中宋代 1 件、明代 1 件、清代 54 件、民国 5 件。

青釉瓷碟残件

宋（960—1279）
残长 10 厘米，高 1.6 厘米，
重 24.5 克
南海神庙出土
广州海事博物馆藏

白釉板沿瓷碟残件

清（1636—1911）
长 12.7 厘米，高 2.7 厘米，
重 86.5 克
南海神庙出土
广州海事博物馆藏

菊瓣口白瓷碟残件

清（1636—1911）
残长 6.8 厘米，足径 4.5 厘米，高 1.3 厘米，
重 16 克
南海神庙出土
广州海事博物馆藏

粉彩花卉纹瓷碟残件

清（1636—1911）

残长 7 厘米，足径 4.5 厘米，高 2.5 厘米，
重 45.5 克

南海神庙出土

广州海事博物馆藏

青花花卉纹瓷碟残件

清（1636—1911）
残足径6厘米，高1.8厘米，
重37.5克
南海神庙出土
广州海事博物馆藏

青花花卉纹瓷碟残件

清（1636—1911）

残长 8 厘米，足径 4 厘米，高 2.2 厘米，
重 45.5 克

南海神庙出土

广州海事博物馆藏

青花花卉纹瓷碟残件

清（1636—1911）
口径 12.2 厘米，足径 6.8 厘米，高 2.3 厘米，
重 107 克
南海神庙出土
广州海事博物馆藏

南海神庙出土各类钱币共 359 枚，可辨识确定钱名的有 262 枚。时间最早者为唐"开元通宝"铜钱，最晚则为民国时期铜元，宋代及清代铜钱较多，分别有 44 枚和 218 枚，另有少量外国钱币。这些钱币中，有许多值得注意。如清广东省局造"康熙通宝"铜钱，面文"康熙通宝"，对读，背满、汉文"广"字，"康熙通宝"钱始铸于康熙六年（1667），于康熙七年（1668）设广州府局，康熙二十四年（1685）开肇庆局，两局铸钱均背铸"广"字。又如清道光"香港一千"铜钱，该钱与"香港一文"同为 1863 年港英政府的法定货币，钱型参考中国传统钱币的样式，钱币中部保留圆孔和内廓，币面铸有中英文，形成中西合璧的独特风格。再如外国钱币共 8 枚，均来自日本、越南，其中"宽永通宝"铜钱铸于日本宽永三年（1626），安南光中通宝、景兴通宝、景盛通宝则铸于 18 世纪。

广州是古代海上丝绸之路重要的港口城市，南海神庙作为对外贸易和文化交流之地，在此出土的各类钱币，一定程度上体现了古代海上丝绸之路的繁荣，为研究当时的商业贸易、货币流通、经济发展和社会活动等提供了实物证据。

一 唐代铜钱

唐代，岭南地区通用金、银、铜等材质货币，《资治通鉴》卷二四二《唐记》载："岭南杂用金、银、丹砂、象齿，今一用钱。""开元通宝"铜钱始铸于唐高祖武德四年（621），非年号钱，钱文由欧阳询书写。该钱的出现标志着以重量命名的"铢两"钱告别流通领域，钱币改称通宝、元宝或重宝等，在中国钱币史上具有重要的意义。南海神庙出土的唐代"开元通宝"铜钱共6枚，形制规范，制作精美，字迹清楚，文字秀美，除面文外，面无记号，背面部分有月纹。

"开元通宝"铜钱

唐（618—907）
钱径 2.5 厘米，孔径 0.7 厘米，厚 0.1 厘米，
重 3.56 克
南海神庙出土
广州海事博物馆藏

"开元通宝"铜钱

唐（618—907）

钱径 2.4 厘米，孔径 0.7 厘米，厚 0.1 厘米，
重 3.43 克

南海神庙出土

广州海事博物馆藏

"开元通宝"铜钱

唐（618—907）

钱径 2.3 厘米，孔径 0.7 厘米，厚 0.1 厘米，
重 2.85 克

南海神庙出土

广州海事博物馆藏

"开元通宝"铜钱

唐（618—907）

钱径 2.5 厘米，孔径 0.7 厘米，厚 0.1 厘米，
重 3.07 克

南海神庙出土

广州海事博物馆藏

二
宋代铜钱

宋代，岭南地区流通的货币以铜钱为主，兼用金银。同时，岭南地区也是重要的铸钱地，有韶州永通监、惠州阜民监等。在海上丝绸之路出口物品中，中国钱币也是重要的货品之一。在南宋沉船"南海Ⅰ号"中，前后出水铜钱至少有 2.3 万枚，绝大部分为北宋各年号铜钱。宋代，中国铜钱外流严重，由此引发严重的经济问题，也致使朝廷严厉禁止铜钱出口。

南海神庙出土的宋代铜钱共 44 枚，为太宗、真宗、仁宗、英宗、神宗、哲宗、徽宗、高宗、宁宗等九朝所铸。

"太平通宝"铜钱
宋（960—1279）
钱径 2.3 厘米，孔径 0.5 厘米，厚 0.1 厘米，
重 1.81 克
南海神庙出土
广州海事博物馆藏

"淳化元宝"铜钱
宋（960—1279）
钱径 2.3 厘米，孔径 0.6 厘米，厚 0.05 厘米，
重 2.26 克
南海神庙出土
广州海事博物馆藏

"至道元宝"铜钱

宋（960—1279）

钱径 2.5 厘米，孔径 0.6 厘米，厚 0.1 厘米，
重 3.87 克

南海神庙出土

广州海事博物馆藏

"至道元宝"铜钱

宋（960—1279）

钱径 2.4 厘米，孔径 0.6 厘米，厚 0.1 厘米，
重 3.02 克

南海神庙出土

广州海事博物馆藏

"至道元宝"铜钱

宋（960—1279）

钱径 2.4 厘米，孔径 0.6 厘米，厚 0.1 厘米，
重 3.51 克

南海神庙出土

广州海事博物馆藏

"景德元宝"铜钱

宋（960—1279）

钱径 2.4 厘米，孔径 0.6 厘米，厚 0.1 厘米，
重 3.32 克

南海神庙出土

广州海事博物馆藏

"天圣元宝"铜钱

宋（960—1279）

钱径 2.4 厘米，孔径 0.7 厘米，厚 0.1 厘米，
重 3.08 克

南海神庙出土

广州海事博物馆藏

"皇宋通宝"铜钱

宋（960—1279）

钱径 2.5 厘米，孔径 0.7 厘米，厚 0.1 厘米，
重 3.43 克

南海神庙出土

广州海事博物馆藏

"皇宋通宝"铜钱

宋（960—1279）

钱径 2.4 厘米，孔径 0.7 厘米，厚 0.07 厘米，
重 2.67 克

南海神庙出土

广州海事博物馆藏

"皇宋通宝"铜钱

宋（960—1279）

钱径 2.5 厘米，孔径 0.7 厘米，厚 0.07 厘米，
重 3.31 克

南海神庙出土

广州海事博物馆藏

"至和通宝"铜钱

宋（960—1279）

钱径 3 厘米，孔径 0.7 厘米，厚 0.1 厘米，
重 4.44 克

南海神庙出土

广州海事博物馆藏

"熙宁通宝"铜钱

宋（960—1279）

钱径 3.1 厘米，孔径 0.8 厘米，厚 0.16 厘米，
重 7.49 克

南海神庙出土

广州海事博物馆藏

"熙宁重宝"铜钱

宋（960—1279）

钱径 3.2 厘米，孔径 0.8 厘米，厚 0.1 厘米，
重 7.06 克

南海神庙出土

广州海事博物馆藏

"熙宁元宝"铜钱

宋（960—1279）

钱径 2.2 厘米，孔径 0.7 厘米，厚 0.1 厘米，
重 2.56 克

南海神庙出土

广州海事博物馆藏

"元丰通宝"铜钱

宋（960—1279）

钱径 2.3 厘米，孔径 0.6 厘米，厚 0.1 厘米，
重 3.09 克

南海神庙出土

广州海事博物馆藏

"元丰通宝"铜钱

宋（960—1279）

钱径 2.3 厘米，孔径 0.6 厘米，厚 0.1 厘米，
重 2.36 克

南海神庙出土

广州海事博物馆藏

"元丰通宝"铜钱

宋（960—1279）

钱径 2.8 厘米，孔径 0.7 厘米，厚 0.1 厘米，
重 5.33 克

南海神庙出土

广州海事博物馆藏

"元祐通宝"铜钱

宋（960—1279）

钱径 2.5 厘米，孔径 0.5 厘米，厚 0.1 厘米，
重 4.01 克

南海神庙出土

广州海事博物馆藏

"绍圣元宝"铜钱

宋（960—1279）

钱径 2.4 厘米，孔径 0.6 厘米，厚 0.1 厘米，
重 2.8 克

南海神庙出土

广州海事博物馆藏

"元符通宝"铜钱

宋（960—1279）

钱径 3.1 厘米，孔径 0.6 厘米，厚 0.1 厘米，
重 7.73 克

南海神庙出土

广州海事博物馆藏

"元符通宝"铜钱

宋（960—1279）

钱径 2.5 厘米，孔径 0.6 厘米，厚 0.1 厘米，
重 3.49 克

南海神庙出土

广州海事博物馆藏

"圣宋元宝"铜钱

宋（960—1279）

钱径 2.3 厘米，孔径 0.7 厘米，厚 0.1 厘米，
重 3.33 克

南海神庙出土

广州海事博物馆藏

"圣宋通宝"铜钱

宋（960—1279）

钱径 2.5 厘米，孔径 0.7 厘米，厚 0.1 厘米，
重 3.94 克

南海神庙出土

广州海事博物馆藏

"大观通宝"铜钱

宋（960—1279）

钱径 2.4 厘米，孔径 0.6 厘米，厚 0.1 厘米，
重 3.65 克

南海神庙出土

广州海事博物馆藏

"政和通宝"铜钱

宋（960—1279）

钱径 2.5 厘米，孔径 0.7 厘米，厚 0.1 厘米，
重 3.74 克

南海神庙出土

广州海事博物馆藏

"建炎通宝"铜钱

宋（960—1279）

钱径 2.8 厘米，孔径 0.7 厘米，厚 0.1 厘米，
重 4.11 克

南海神庙出土

广州海事博物馆藏

"嘉泰通宝"铜钱

宋（960—1279）

钱径 2.9 厘米，孔径 0.8 厘米，厚 0.1 厘米，
重 7.07 克

南海神庙出土

广州海事博物馆藏

三 明代铜钱

南海神庙出土明代铜钱 2 枚，包括万历通宝、崇祯通宝各 1 枚。

明代主要使用纸币、铜钱和金银三种货币。明朝把官制铜钱称为"制钱"，明太祖洪武时期至明穆宗隆庆时期，有六位皇帝铸有钱币，但数量有限，明神宗万历年开始大量制钱，除中央开设的南北宝源局拓地增炉鼓铸外，十三布政司皆开局铸钱，各王府也开炉私铸。自明崇祯帝始，铜钱铸量剧增，钱制复杂，品相不一。

"万历通宝"铜钱

明（1368—1644）
钱径 2.5 厘米，孔径 0.5 厘米，厚 0.1 厘米，
重 3.52 克
南海神庙出土
广州海事博物馆藏

驾象牵犀 拣金拾翠——南海神庙出土文物选编

"崇祯通宝"铜钱

明（1368—1644）
钱径 2.5 厘米，孔径 0.6 厘米，厚 0.1 厘米，
重 3.43 克
南海神庙出土
广州海事博物馆藏

　　崇祯铜钱是中国铜钱中最复杂的种类之一，
其文字、制作、大小、轻重、厚薄，千变万化，
单钱背的文字就有几十种，有纪局名、纪地名、
纪天干、纪重量、奉制、奉旨、太平和新钱等。

四　清代铜钱

清代，广东地区流通的货币种类繁多，有制钱、银两、银元和铜元等金属货币，还有广东官银钱局、交通银行广州分行和大清银行广州分行等发行的纸币，也有以本洋、马剑洋、鹰洋、站人洋和安南钱为代表的外国货币。早期，两广地区主要使用银两和制钱，随着铜贵钱贱，加上采用旧法铸钱，铸钱亏耗大，铸钱成本高于钱价，于是广东官员便计划向外国购买机器自铸铜钱，获得批准。因此，广东也是我国新式货币的发源地，在这里首次大规模使用新式机器铸造铜钱、银元和铜元。

南海神庙出土的清代钱币，自顺治朝至光绪朝均有，合计218枚。其中，制钱方面，自顺治朝至光绪朝皆有："顺治通宝"铜钱1枚、"康熙通宝"铜钱22枚、"雍正通宝"铜钱5枚、"乾隆通宝"铜钱94枚、"嘉庆通宝"铜钱33枚、"道光通宝"铜钱及铁钱30枚、"咸丰通宝"铜钱2枚、"同治通宝"铜钱1枚、"光绪通宝"铜钱2枚。机制钱币共7枚，其中道光"香港一千"铜钱1枚、"光绪元宝"铜元6枚。"大清铜币"共3枚。其余文字无法辨析的铜、铁钱共18枚。

"顺治通宝"铜钱

清（1636—1911）
钱径2.7厘米，孔径0.6厘米，厚0.15厘米，重4.07克
南海神庙出土
广州海事博物馆藏

"康熙通宝"铜钱

清（1636—1911）

钱径 2.6 厘米，孔径 0.6 厘米，厚 0.1 厘米，
重 2.75 克

南海神庙出土

广州海事博物馆藏

广东省局造"康熙通宝"铜钱

清（1636—1911）

钱径 2.5 厘米，孔径 0.6 厘米，厚 0.07 厘米，

重 2.22 克

南海神庙出土

广州海事博物馆藏

"康熙通宝"铜钱

清（1636—1911）

钱径 2.7 厘米，孔径 0.6 厘米，厚 0.1 厘米，

重 3.97 克

南海神庙出土

广州海事博物馆藏

"康熙通宝"铜钱

清（1636—1911）

钱径 2.3 厘米，孔径 0.6 厘米，厚 0.1 厘米，
重 2.7 克

南海神庙出土

广州海事博物馆藏

"康熙通宝"铜钱

清（1636—1911）

钱径 2.6 厘米，孔径 0.6 厘米，厚 0.1 厘米，
重 3.77 克

南海神庙出土

广州海事博物馆藏

"康熙通宝"铜钱

清（1636—1911）

钱径 2.4 厘米，孔径 0.6 厘米，厚 0.1 厘米，
重 2.93 克

南海神庙出土

广州海事博物馆藏

"康熙通宝"铜钱

清（1636—1911）

钱径 2.4 厘米，孔径 0.5 厘米，厚 0.1 厘米，
重 4.01 克

南海神庙出土

广州海事博物馆藏

"雍正通宝"铜钱

清（1636—1911）

钱径 2.6 厘米，孔径 0.5 厘米，厚 0.1 厘米，
重 3.78 克

南海神庙出土

广州海事博物馆藏

"雍正通宝"铜钱

清（1636—1911）

钱径 2.6 厘米，孔径 0.5 厘米，厚 0.1 厘米，

重 5 克

南海神庙出土

广州海事博物馆藏

"雍正通宝"铜钱

清（1636—1911）

钱径 2.1 厘米，孔径 0.5 厘米，厚 0.1 厘米，
重 2.54 克

南海神庙出土

广州海事博物馆藏

"雍正通宝"铜钱

清（1636—1911）

钱径 2.6 厘米，孔径 0.5 厘米，厚 0.07 厘米，
重 2.47 克

南海神庙出土

广州海事博物馆藏

"雍正通宝"铜钱

清（1636—1911）

钱径 2.6 厘米，孔径 0.5 厘米，厚 0.1 厘米，
重 2.59 克

南海神庙出土

广州海事博物馆藏

"乾隆通宝"铜钱

清（1636—1911）

钱径 2.4 厘米，孔径 0.6 厘米，厚 0.1 厘米，
重 4.37 克

南海神庙出土

广州海事博物馆藏

"乾隆通宝"铜钱

清（1636—1911）

钱径 2.4 厘米，孔径 0.6 厘米，厚 0.1 厘米，
重 3.68 克

南海神庙出土

广州海事博物馆藏

"乾隆通宝"铜钱

清（1636—1911）
钱径 2.3 厘米，孔径 0.5 厘米，厚 0.1 厘米，
重 3.52 克
南海神庙出土
广州海事博物馆藏

"乾隆通宝"铜钱

清（1636—1911）

钱径 2.3 厘米，孔径 0.6 厘米，厚 0.1 厘米，
重 3.77 克

南海神庙出土

广州海事博物馆藏

"乾隆通宝"铜钱

清（1636—1911）

钱径 2.1 厘米，孔径 0.6 厘米，厚 0.1 厘米，
重 2.89 克

南海神庙出土

广州海事博物馆藏

"乾隆通宝"铜钱

清（1636—1911）

钱径 2.5 厘米，孔径 0.6 厘米，厚 0.1 厘米，重 4.21 克

南海神庙出土

广州海事博物馆藏

"乾隆通宝"铜钱

清（1636—1911）

钱径 2.3 厘米，孔径 0.5 厘米，厚 0.1 厘米，重 3.95 克

南海神庙出土

广州海事博物馆藏

"乾隆通宝"铜钱

清（1636—1911）

钱径 2.4 厘米，孔径 0.6 厘米，厚 0.1 厘米，重 3.68 克

南海神庙出土

广州海事博物馆藏

"乾隆通宝"铜钱

清（1636—1911）

钱径 2.3 厘米，孔径 0.5 厘米，厚 0.15 厘米，
重 4.6 克

南海神庙出土

广州海事博物馆藏

"乾隆通宝"铜钱

清（1636—1911）

钱径 2.2 厘米，孔径 0.6 厘米，厚 0.15 厘米，
重 3.97 克

南海神庙出土

广州海事博物馆藏

"嘉庆通宝"铜钱

清（1636—1911）

钱径 2.5 厘米，孔径 0.6 厘米，厚 0.1 厘米，
重 3.65 克

南海神庙出土

广州海事博物馆藏

"嘉庆通宝"铜钱

清（1636—1911）

钱径 2.5 厘米，孔径 0.5 厘米，厚 0.1 厘米，
重 4.61 克

南海神庙出土

广州海事博物馆藏

"嘉庆通宝"铜钱

清（1636—1911）

钱径 2.6 厘米，孔径 0.5 厘米，厚 0.1 厘米，
重 5.13 克

南海神庙出土

广州海事博物馆藏

"嘉庆通宝"铜钱

清（1636—1911）

钱径 2.5 厘米，孔径 0.5 厘米，厚 0.1 厘米，
重 3.43 克

南海神庙出土

广州海事博物馆藏

"嘉庆通宝"铜钱

清（1636—1911）

钱径 2.5 厘米，孔径 0.6 厘米，厚 0.1 厘米，
重 3.19 克

南海神庙出土

广州海事博物馆藏

駕象牽犀　揀金拾翠——南海神庙出土文物选编

"道光通宝"铜钱

清（1636—1911）

钱径 2.3 厘米，孔径 0.6 厘米，厚 0.07 厘米，
重 1.66 克

南海神庙出土

广州海事博物馆藏

"道光通宝"铜钱

清（1636—1911）

钱径 2.2 厘米，孔径 0.6 厘米，厚 0.1 厘米，
重 2.61 克

南海神庙出土

广州海事博物馆藏

"道光通宝"铜钱

清（1636—1911）

钱径 2.2 厘米，孔径 0.6 厘米，厚 0.08 厘米，
重 2.11 克

南海神庙出土

广州海事博物馆藏

"道光通宝"铜钱

清（1636—1911）

钱径 2.2 厘米，孔径 0.6 厘米，厚 0.1 厘米，
重 3.2 克

南海神庙出土

广州海事博物馆藏

"道光通宝"铜钱

清（1636—1911）

钱径 2.2 厘米，孔径 0.5 厘米，厚 0.1 厘米，
重 2.92 克

南海神庙出土

广州海事博物馆藏

道光"香港一千"铜钱

清（1636—1911）

钱径 1.5 厘米，孔径 0.5 厘米，厚 0.1 厘米，
重 0.97 克

南海神庙出土

广州海事博物馆藏

驾象牵犀　拣金拾翠——南海神庙出土文物选编

"咸丰通宝"铜钱

清（1636—1911）

钱径 2.3 厘米，孔径 0.5 厘米，厚 0.07 厘米，
重 2.81 克

南海神庙出土

广州海事博物馆藏

"同治通宝"铜钱

清（1636—1911）
钱径 1.8 厘米，孔径 0.6 厘米，厚 0.07 厘米，
重 1.35 克
南海神庙出土
广州海事博物馆藏

驾象牵犀　拣金拾翠——南海神庙出土文物选编

"光绪通宝"铜钱

清（1636—1911）

钱径 1.6 厘米，孔径 0.4 厘米，厚 0.1 厘米，
重 1.04 克

南海神庙出土

广州海事博物馆藏

"光绪元宝"铜币

清（1636—1911）
钱径 2.8 厘米，厚 0.15 厘米，
重 7.32 克
南海神庙出土
广州海事博物馆藏

　　铜币又称铜元，铜元单位为"cent"，广东习惯将"cent"读为"仙"，所以铜元又称"铜仙"。南海神庙出土有"光绪元宝"铜币，为广东铸造，该铜币一般重库平 2 钱，圆形，无方孔，成分为紫铜 95%、白铅 4%、锡 1%，直径接近 28 毫米。该币面样式为：正面珠环内以汉文镌"光绪元宝"四字，内加满文"广宝"二字；背面珠环外用英文镌"KWANGTUNG ONE CENT"（广东一仙）字样。该新式铜币非常精美，受到老百姓的热烈追捧。

丙午闽大清十文铜币

清（1636—1911）

钱径 2.9 厘米，厚 0.15 厘米，
重 6.82 克

南海神庙出土

广州海事博物馆藏

五　民国钱币

民国时期，广东流通的货币种类繁多，除各种铜元、镍币、银元和银毫等金属货币继续流通外，各银行还大量发行纸币。南海神庙出土的民国钱币共 5 枚，其中铜币 4 枚、镍币 1 枚。

一仙铜币

民国（1912—1949）

钱径 2.8 厘米，厚 0.1 厘米，
重 6.57 克

南海神庙出土

广州海事博物馆藏

十分镍币

民国（1912—1949）
钱径 2 厘米，厚 0.1 厘米，
重 2.79 克
南海神庙出土
广州海事博物馆藏

　　镍币是民国时期铸造的镍质金属辅币，又称"刚仔"。1936 年 1 月 11 日
国民政府公布《辅币条例》，规定辅币中有镍币 5 分、10 分和 20 分三种。南
海神庙出土的镍币为国民政府所发行的镍币，正面为孙中山像，背面为古币图。

六 域外钱币

外国钱币主要通过贸易流入中国。明清时期，广州是中国对外海上贸易的重要口岸，外国货币借贸易之便流入广东，然后遍及其他省份。明朝起外国货币就开始流入岭南，清朝时流入量进一步增加。流入岭南的外国货币主要有本洋、鹰洋、站人洋、安南钱、日本钱等。南海神庙出土的外国钱币共 8 枚，为日本、安南铜钱。其中，日本"宽永通宝"铜钱 3 枚，安南"光中通宝"铜钱 2 枚、"景兴通宝"和"景盛通宝"铜钱各 1 枚。字迹难辨铜钱 1 枚。

日本"宽永通宝"铜钱

宽永（1624—1643）
钱径 2.3 厘米，孔径 0.7 厘米，厚 0.1 厘米，
重 2.14 克
南海神庙出土
广州海事博物馆藏

宽永通宝是日本历史上铸量最大、铸期最长、版别最多的一种钱币，也是流入中国数量最多的外国钱币之一。"宽永通宝"铜钱在长期的中日贸易及交往中不断流入我国，在我国各地均有发现。

日本"宽永通宝"铜钱

宽永（1624—1643）
钱径 2.3 厘米，孔径 0.6 厘米，厚 0.1 厘米，
重 2.5 克
南海神庙出土
广州海事博物馆藏

日本"宽永通宝"铜钱

宽永（1624—1643）
钱径 2.4 厘米，孔径 0.6 厘米，厚 0.1 厘米，
重 3.3 克
南海神庙出土
广州海事博物馆藏

安南"景兴通宝"铜钱

景兴（1740—1777）

钱径 2.4 厘米，孔径 0.6 厘米，厚 0.05 厘米，
重 1.4 克

南海神庙出土

广州海事博物馆藏

　　安南铜钱是广东地区流通的最普遍的外国铜钱，被清政府列为私钱。清嘉庆八年（1803），嘉庆皇帝曾谕令广东设局查禁，收买销毁安南的景兴、光中等铜钱。清道光八年（1828），道光皇帝下令禁止外国铜钱流入中国："广东省行使钱文，内有光中通宝、景盛通宝两种最多，间有景兴通宝、景兴巨宝、景兴大宝、嘉隆通宝，谓之夷钱，搀杂行使，十居六七，潮州尤甚，并用数处专使夷钱。内地奸民利其钱质浇薄，依样仿铸，着广东、福建督抚严饬所属，确切查明，如有前项弊端，立即严拿究办。"但始终未能完全阻止安南铜钱的流入。直至 1939 年，"光中通宝"仍在广东阳春县的零售商品交易中有所使用。

安南"光中通宝"铜钱

光中（1788—1792）

钱径 2.4 厘米，孔径 0.5 厘米，厚 0.05 厘米，
重 1.74 克

南海神庙出土

广州海事博物馆藏

安南"景盛通宝"铜钱

景盛（1792—1802）

钱径 2.2 厘米，孔径 0.6 厘米，厚 0.05 厘米，
重 1.41 克

南海神庙出土

广州海事博物馆藏

玉石类

广州海事博物馆现藏南海神庙出土的玉石类器物共 57
件，其中玉器 39 件、石器 18 件，均为清代器物。其中，
玉器有玉镯和玉料两类。玉镯方面，色泽各异，红、黄、碧、
墨皆有，然均为残段。玉镯从玉璧、玉环等发展而来，是普
遍的配饰。玉料方面，有完全未经加工的玉原石，或初步加
工成圆柱、圆饼和环状等，其余为裁切后的余料。用途方面，
玉器兼具礼仪和实用功能，古人常以玉喻君子之美德，认为
佩玉能够消灾辟邪，玉镯等为民众饰品。玉料则或与神庙祭
祀有关。

出土石器包括石砚、石球、研钵、串珠等常见生活用器
及饰品。其中石砚为题诗作画的文房四宝之一，踢石球是明
清时期民间流行的游艺活动，从侧面反映出南海神庙附近民
间文娱活动多姿多彩。尤其在波罗诞庙会期间，以章丘诗会
为代表的文人雅集与游神赛会的大众娱乐并行不悖。

玉手镯残件

清（1636—1911）

直径 7 厘米，环体直径 0.8 厘米，

重 23.41 克

南海神庙出土

广州海事博物馆藏

玉手镯残件

清（1636—1911）

残长 7 厘米，环体直径 0.8 厘米，

重 25.08 克

南海神庙出土

广州海事博物馆藏

玉手镯残件

清（1636—1911）
直径 5.2 厘米，环体直径 0.6 厘米，
重 9.23 克
南海神庙出土
广州海事博物馆藏

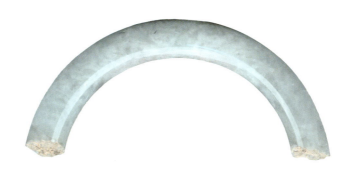

玉手镯残件

清（1636—1911）
直径 7 厘米，环体直径 0.7 厘米，
重 15.65 克
南海神庙出土
广州海事博物馆藏

玉手镯残件

清（1636—1911）
直径 7.8 厘米，环体直径 1.1 厘米，
重 45.66 克
南海神庙出土
广州海事博物馆藏

驾象牵犀　拣金拾翠——南海神庙出土文物选编

玉手镯残件

清（1636—1911）
直径 6 厘米，环体直径 0.5 厘米，
重 17.81 克
南海神庙出土
广州海事博物馆藏

玉手镯残件

清（1636—1911）
直径 5.2 厘米，环体直径 0.7 厘米，
重 11.1 克
南海神庙出土
广州海事博物馆藏

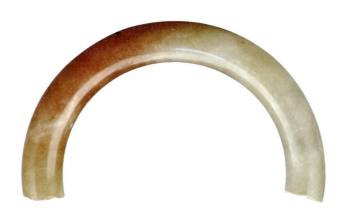

玉手镯残件

清（1636—1911）
残长 3.8 厘米，环体直径 0.7 厘米，
重 4.15 克
南海神庙出土
广州海事博物馆藏

玉手镯残件

清（1636—1911）
残长 5.4 厘米，环体直径 0.7 厘米，
重 9.26 克
南海神庙出土
广州海事博物馆藏

玉手镯残件

清（1636—1911）
直径 7 厘米，环体直径 0.9 厘米，
重 17.49 克
南海神庙出土
广州海事博物馆藏

玉饼残件

清（1636—1911）

直径 7.5 厘米，厚 0.6 厘米，

重 92.29 克

南海神庙出土

广州海事博物馆藏

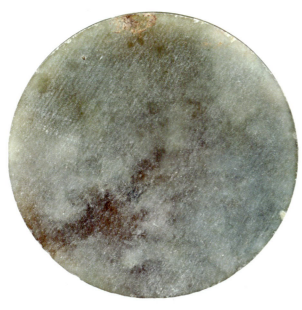

玉鱼挂件残件

清（1636—1911）

残长 4.5 厘米，宽 2 厘米，厚 0.8 厘米，
重 11.17 克

南海神庙出土

广州海事博物馆藏

玉料

清（1636—1911）

直径 3.6 厘米，残高 4.8 厘米，
重 143.5 克

南海神庙出土

广州海事博物馆藏

玉料

清（1636—1911）

长 5.9 厘米，高 4.3 厘米，
重 186 克

南海神庙出土

广州海事博物馆藏

玉料

清（1636—1911）

长 4.5 厘米，宽 3.3 厘米，高 3.1 厘米，
重 64.41 克

南海神庙出土

广州海事博物馆藏

驾象牵犀 拣金拾翠——南海神庙出土文物选编

玉料

清（1636—1911）

外径 3.3 厘米，内径 2.5 厘米，高 2 厘米，厚 0.8 厘米，
重 26.53 克

南海神庙出土

广州海事博物馆藏

驾象牵犀　拣金拾翠——南海神庙出土文物选编

玉料

清（1636—1911）
长 10 厘米，宽 7.3 厘米，高 5 厘米，
重 401 克
南海神庙出土
广州海事博物馆藏

玉料

清（1636—1911）
直径 3.7 厘米，高 3.7 厘米，
重 117.03 克
南海神庙出土
广州海事博物馆藏

玉料

清（1636—1911）

外径 5.8 厘米，内径 3.8 厘米，高 5.6 厘米，

重 241.97 克

南海神庙出土

广州海事博物馆藏

端砚

清（1636—1911）
长 9 厘米，宽 7.2 厘米，厚 1.1 厘米，
重 166.5 克
南海神庙出土
广州海事博物馆藏

端砚残件

清（1636—1911）
长 11 厘米，宽 10.2 厘米，厚 2.1 厘米，
重 166.5 克
南海神庙出土
广州海事博物馆藏

石砚

清（1636—1911）

长9厘米，宽5厘米，厚1厘米，
重103克

南海神庙出土

广州海事博物馆藏

驾象牵犀 拣金拾翠——南海神庙出土文物选编

石砚残件

清（1636—1911）
残长 7.3 厘米，宽 5.5 厘米，厚 1 厘米，
重 121 克
南海神庙出土
广州海事博物馆藏

第六章　玉石类

石砚残件

清（1636—1911）
残长 7.2 厘米，厚 2.5 厘米，
重 153.5 克
南海神庙出土
广州海事博物馆藏

砾石残件

清（1636—1911）
长 9 厘米，宽 5.5 厘米，高 6 厘米，
重 611.5 克
南海神庙出土
广州海事博物馆藏

石球

清（1636—1911）
直径 9.7~14.3 厘米，
重 2990 克
南海神庙出土
广州海事博物馆藏

石球

清（1636—1911）
直径 12.5~17 厘米，
重 4900 克
南海神庙出土
广州海事博物馆藏

龟形石刻件

清（1636—1911）

长 20.6 厘米，宽 16.8 厘米，高 9.8 厘米，

重 5490 克

南海神庙出土

广州海事博物馆藏

驾象牵犀　拣金拾翠——南海神庙出土文物选编

红砂岩研钵

清（1636—1911）
直径 23.2 厘米，高 11.3 厘米，
重 9330 克
南海神庙出土
广州海事博物馆藏

玛瑙串珠

清（1636—1911）
直径 0.6~0.8 厘米，
重 0.65 克
南海神庙出土
广州海事博物馆藏

　　广州海事博物馆现藏南海神庙出土的其他类器物有铁、铜、玻璃、银、石、骨、木等众多材质，共有 38 件，均属清代。其中，铁器占比最高，包括：铁钉 7 枚、圈状铁环 4 件（含残件）、带状铁环 2 件、环形铁饰器 2 件、铁球 2 件、铁刀 2 件、铁链 1 件、其他铁器 2 件。综合南海神庙周边的地理环境与历史功能来看，可推断这些铁器均与船舶有关。

　　铁钉截面均为长方形或方形，可保证铁钉在木材中的嵌合效能。大部分铁钉长度在 17~21 厘米，略短于"南海Ⅰ号"上发现的铁钉，可推测使用此批铁钉的船舶应属中小型。成书于清嘉庆年间的《波罗外纪》可佐证至清中期庙前淤积严重，平沙十里，早已不利于大型船只停泊。有 6 枚铁钉中部明显宽于钉帽，类似传统"枣核钉"，用于两块船板的拼合；另 1 枚蘑菇钉通常用于维修。木船随着使用年限增长密封性变差，需要刮去旧油灰重新艌缝，钉入蘑菇钉可以防止新艌料不够紧实。由于海水对铁钉的腐蚀，传统木船需要每年维修，在清除船身附着物后，用新艌料和桐油进行艌缝保养。"南海Ⅰ号"上发现的大宗成捆铁钉说明远洋航行需替换大量铁钉作修补。故南海神庙出土的铁器应为在当地停泊的船只用于维修的船构件。由于南海神庙至冶铁中心佛山的水路通达，其出土的铁器船构件可能来源于此。

铁钉

清（1636—1911）
长 19.1 厘米，
重 170.68 克
南海神庙出土
广州海事博物馆藏

铁钉

清（1636—1911）
长 21 厘米，
重 187 克
南海神庙出土
广州海事博物馆藏

铁钉

清（1636—1911）

长 5.8 厘米，

重 41 克

南海神庙出土

广州海事博物馆藏

铁环

清（1636—1911）

环内径 7.3 厘米，环外径 9.2 厘米，钉长 13 厘米，通长 20.5 厘米，

重 166.66 克

南海神庙出土

广州海事博物馆藏

铁环

清（1636—1911）
内径 2.3 厘米，外径 3 厘米，环体直径 0.4 厘米，
重 4.95 克
南海神庙出土
广州海事博物馆藏

铁环

清（1636—1911）

内径 1.6 厘米，外径 2.4 厘米，环体直径 0.3 厘米，

重 6.33 克

南海神庙出土

广州海事博物馆藏

铁刀

清（1636—1911）
长 27.4 厘米，宽 2.6 厘米，厚 0.3 厘米，
重 88.32 克
南海神庙出土
广州海事博物馆藏

驾象牵犀　拣金拾翠——南海神庙出土文物选编

铁刀

清（1636—1911）
长 22.6 厘米，宽 2 厘米，厚 0.2 厘米，
重 95.65 克
南海神庙出土
广州海事博物馆藏

铁球

清（1636—1911）
直径 4.7 厘米，
重 433.2 克
南海神庙出土
广州海事博物馆藏

铁球

清（1636—1911）
直径 6 厘米，
重 814 克
南海神庙出土
广州海事博物馆藏

环形铁饰件

清（1636—1911）
口径 3.5~4.2 厘米，高 2.6 厘米，
重 36.41 克
南海神庙出土
广州海事博物馆藏

环形铁饰件

清（1636—1911）
口径 3.3~4.5 厘米，高 3.1 厘米，
重 61.17 克
南海神庙出土
广州海事博物馆藏

驾象牵犀　拣金拾翠——南海神庙出土文物选编

铁链（船构件）残件

清（1636—1911）
通长 15.2 厘米，
重 62.84 克
南海神庙出土
广州海事博物馆藏

铜烟咀

清（1636—1911）

口径 2.1 厘米，长 7.5 厘米，高 2.7 厘米，
重 19.62 克

南海神庙出土

广州海事博物馆藏

铜烟咀

清（1636—1911）
口径 1.9 厘米，长 3.4 厘米，高 2.2 厘米，
重 10.25 克
南海神庙出土
广州海事博物馆藏

铜铃

清（1636—1911）
长 1.9 厘米，
重 2.22 克
南海神庙出土
广州海事博物馆藏

铜簪残件

清（1636—1911）
长 12.3 厘米，厚 0.2~0.5 厘米，
重 12.91 克
南海神庙出土
广州海事博物馆藏

铜器盖

清（1636—1911）

口径 5 厘米，高 0.7 厘米，

重 25.37 克

南海神庙出土

广州海事博物馆藏

清（1636—1911）
宽 0.5~1.3 厘米，高 2.8 厘米，厚 0.7~0.9 厘米，
重 4.55 克
南海神庙出土
广州海事博物馆藏

玻璃瓶残件

清（1636—1911）

长 1.5 厘米，宽 1.1 厘米，高 4.5 厘米，
重 13.59 克

南海神庙出土

广州海事博物馆藏

玉银耳坠

清（1636—1911）
玉环直径 1.9 厘米，银环直径 1.7~2.1 厘米，通长 3.2 厘米，
重 3.12 克
南海神庙出土
广州海事博物馆藏

骨簪

清（1636—1911）
长 7.7 厘米，厚 0.4 厘米，
重 3.46 克
南海神庙出土
广州海事博物馆藏

灰陶秤砣

清（1636—1911）
底径 8 厘米，高 5.5 厘米，
重 447 克
南海神庙出土
广州海事博物馆藏

石秤砣

清（1636—1911）
径长 11 厘米，高 8.5 厘米，
重 1290 克
南海神庙出土
广州海事博物馆藏

论文部分

祈庇佑绵长

——南海神庙祭祀物品述略

广州海事博物馆　　赵磊

　　南海神庙位于今广州市黄埔区，是隋至清历代中央朝廷和地方官府祭祀南海神祝融的场所，也是国家岳镇海渎（简称岳渎）礼制的重要组成部分。神庙祭祀物品与国家礼制、地方祠祀、海洋信仰等神庙核心功能密切相关，能够透露出政治、经济和社会等多重含义，值得仔细探讨。①

一、物品种类

　　结合来源、属性和作用等因素，可将南海神庙古代祭祀物品分为祭物、祭品（器）、乐器、仪服和供物等五类，具体情况梳理如下：

　　其一，祭物，指皇帝、朝廷赐予之物。元代望祀岳渎时，"祝文，先行定拟外，祭物与本部正官首领官提调，用已降支，系官钞两平收买，务要精洁。仪制各自于后。户部应付香五斤，金银器皿全。宣徽院酒三十四瓶。工部茶迭儿三席，拜席"②。祭物范围涵盖了皇帝祝文与朝廷各部所奉之物。明嘉靖十一年（1532），世宗遣使代祀南海神，将诸项物品进行了区分，其中，祭物有"段番一副，祭帛一段，降真香一炷，祝文一道"③等四种，专指皇帝亲赐之物。祭物中，祝文（又称祝册、祭文）是较为特别的一种。唐代，每年立夏前夕，使臣自京师南下将祝文交广州刺史、岭南节度使，后者据此履行岁祀之责，如韩愈曾记元和十三年（818）"将夏，祝册至京师至，吏以时告"④。宋元与唐代类似，南宋初曾因道路阻隔，朝廷祝文未能按期送达，时谪贬于岭南的洪适（1117—1184）奉命代拟《立夏东庙祝文》曰："每岁立夏，守臣承天子命，有事于庙。今祝册及期不至，窃意章贡道梗，奉之者或有失坠，

　　① 目前学界尚未有这一历史问题的专门研究发表，成果多为一些关联性研究，如王元林《国家祭祀与海上丝路遗迹——广州南海神庙研究》一书对某些祭祀场景进行了解读，又如逯凤华《泰山、岱庙、东岳庙祭祀用乐研究》一书对它处岳镇海渎祠庙用乐情况进行了专门研究等。
　　②（元）熊梦祥：《析津志辑佚》，北京古籍出版社1983年版，第59页。
　　③ 黄兆辉、张菽晖：《南海神庙碑刻集》，广东人民出版社2014年版，第110页。
　　④ 黄兆辉、张菽晖：《南海神庙碑刻集》，第6页。

不敢废常乏祀。躬以牺币致告，俟册至，当嗣走祠，所惟神鉴临之。"①以临时具文的方式按例祭祀。与岁祀相类，朝廷代祀时，使臣亦携祝文，明清其文留存颇多。一般情况下，祝文要携至庙中供奉，由主祭官于祭祀时宣读。南海神庙现存明代码头遗址的最南端为"接官亭"，供"官员离船登岸后在此休整"②，此外也应该是祝文上岸后临时安置之所。清雍正三年（1725）南海神庙祭仪规定："每岁春秋仲月壬日致祭南海庙……恭遇皇上谕祭南海之神，朝使恭赍御祭文、香帛至……南海、番禺二县官恭捧御祭文、香帛安置龙亭内……船至波罗庙，番禺县行一跪三叩头礼，恭请登岸。"③可知，祝文兼具象征性和实用性，由于其为皇帝、朝廷所赐之物，故地位尊崇，又因其是祭祀活动的重要组成物，故作用关键。其他祭物亦与祝文类似，具有明显的双重特性。

其二，祭品（器），指礼制规定的饮食之物及其盛置器具。一是牲牢，置于俎上；二是粢盛，主要为黍稷稻粱，置于簠簋上；三是膳馐，主要为羹醢果品，包括石盐、干鱼、干枣、栗黄、榛子仁、菱仁、芡仁、鹿脯、白饼、黑饼以及韭菹、醓醢、菁菹、鹿醢、芹菹、兔醢、笋菹、鱼醢、脾析、菹豚拍等，置于笾豆等器；四是酒齐，置于不同形制的尊罍。历代祭品数量、种类多有差异，如牲牢，"唐制，五岳四渎四镇四海，牲皆用太牢，谓牛羊豕也。宋用羊、豕各一口。元遣使致祭岳渎镇海，皆用少牢"④，明代"遣使代祀各庙并同州县祭本境山川城隍，用羊一豕一"⑤，清雍正三年定"南海神庙祭仪"用"牛一、羊一、豕一"⑥，乾隆时，改"岳镇海渎所在守土正官一人诣庙致祭，执事以礼生，祭用少牢"⑦。南海神诸祭祀文辞对此类物品亦有描述，如唐元和年间（806—820）以"牺币""牲酒瘠酸""水陆之品""笾豆"祀之，务在"牲肥酒香，樽爵净洁，降等有数"⑧，又如明万历十六年（1588）

① （宋）洪适：《盘洲文集》卷七一《祝文五十七》，摛藻堂四库全书荟要本，第10页。
② 广州市文物考古研究所、黄埔区文化广电新闻出版局：《南海神庙古遗址古码头》，广州出版社2006年版，第76页。
③ 广州市地方志办公室编，陈锦鸿点注：《南海神庙文献汇辑》，广州出版社2008年版，第145页。
④ （明）徐一夔等：《明集礼》卷一四《吉礼十四》，四库全书本，第23页。
⑤ （明）徐一夔等：《明集礼》卷一四《吉礼十四》，第23页。
⑥ 广州市地方志办公室编，陈锦鸿点注：《南海神庙文献汇辑》，第145页。
⑦ （清）张廷玉：《皇朝文献通考》卷一〇〇《郊社考十》，四库全书本，第52页。
⑧ 黄兆辉、张菽晖：《南海神庙碑刻集》，第6页。

蔡梦说"谨以牲仪致祭而告之"①，崇祯八年（1635）叶绍颙"祝帛虔祷"②，因皆按制而行，故所述皆十分简略。

其三，乐器，按礼制要求配合祭祀进程使用。《明集礼》称唐代祀岳渎皆不用乐，而韩愈载孔戣祭祀时"铙鼓嘲轰，高管嗷噪，武夫奋棹，工师唱和"，虽然有乐，或非在祭祀过程中所用。宋代在是否用乐方面有反复，嘉祐六年（1061）正月，仁宗"诏有司制南海广利洪圣昭顺王庙所用冠服及三献官、太祝、奉礼祭服，罢本庙所赐乐曲。初，驾部员外郎、通判广州吕谦言，奉祠南海王庙，虽有钟鼓之设及所赐乐曲，而乐工未尝肄习，又其器服制度不应祀典，请下礼官考详。而礼官言，南海据令为中祠，宜如岳渎诸祠，不用乐，因上其冕服及祠官祭服之制，乃诏制而给之"③，祭祀用乐被除。政和五年（1115），庐州知州朱维言："五岳四渎庇福一方，生民受惠，宜不在风雨雷师之下，而祀不用乐，乞依社稷例，用大乐，仍撰合用乐章，行下岳渎所在州县致祭"④，遂恢复用乐。可知，宋代祀南海神不用乐时长五十余年，其余时间应皆用乐。关于朱维之个人履历，宋叶梦得（1077—1148）载政和年间（1111—1118），维因"善音律，而尤工吹笛"，受到徽宗赏识而为"典乐"，朱后为"京西提刑"，向叶亲述此事。⑤元代遣使祭祀用教坊乐，如至元二十九年（1292）祭祀时，"铙铎震响"⑥，至元三十年（1293）"百乐具既奏……桨夫和歌"⑦。明代"望祀用雅乐，诸王祭本国山川则用大乐，遣使代祀不用乐"⑧，如洪熙元年（1425）孔克准祭祀时戒"钟鼓"⑨，而宣德十年（1435）则称"乐舞有仪"⑩，当亦非正式祭祀过程中使用。文献于乐器上大多只提钟、鼓、铙等，所指当为雅乐之乐器，如唐代主要有"钟、磬、柷、敔、晋鼓、琴、瑟、筝、竽、笙、箫、笛、篪、埙、镈于、铙铎、舞拍、舂牍等"⑪，历代诸地祠庙虽有差异，但基本组成不会有大的变化。

---

① 黄兆辉、张菽晖：《南海神庙碑刻集》，第 285 页。
② 黄兆辉、张菽晖：《南海神庙碑刻集》，第 298 页。
③ （宋）李焘：《续资治通鉴长编》，中华书局 1995 年版，第 4661 页。
④ （明）徐一夔等：《明集礼》卷一四《吉礼十四》，第 24 页。
⑤ （宋）叶梦得：《避暑录话》卷上，四库全书本，第 76 页。
⑥ 广州市地方志办公室编，陈锦鸿点注：《南海神庙文献汇辑》，第 109 页。
⑦ 广州市地方志办公室编，陈锦鸿点注：《南海神庙文献汇辑》，第 110 页。
⑧ （明）徐一夔等：《明集礼》卷一四《吉礼十四》，第 24 页。
⑨ 广州市地方志办公室编，陈锦鸿点注：《南海神庙文献汇辑》，第 123 页。
⑩ 广州市地方志办公室编，陈锦鸿点注：《南海神庙文献汇辑》，第 125 页。
⑪ （宋）王溥等：《唐会要》卷三二《雅乐上》，四库全书本，第 25 页。

其四，仪服，指参与祭祀的各级官员所着之服。唐代对仪服的规定十分清晰："凡祭岳镇海渎，献官各服其服，三品衮冕，四品绣冕，五品玄冕，六品以下爵弁，若二服以下，各依令。有司三献及太祝奉礼，俱服祭服"[1]，如唐张九章祀南海时"拖毳衣绣"[2]，即为三品之服；孔戣祀时，"盛服执笏"[3]。宋熙宁七年（1074）程师孟祭祀时，"冠履剑珮，威仪甚伟"[4]。元代，"遣使致祭岳渎海镇，则州县官具公服陪祠"。明代亦着"公服"[5]，洪武二年（1369）徐九皋祭祀，太祖亲"赐以衣冠"[6]而行。

其五，供物，指官员因私或民众祭祀所奉之物。清代，崔弼将其称为"法物"，并以文学化语言述其神韵道："鲸吼雷门，龙掀海府。将军之武库常存，广利之威灵斯在"[7]，意为诸物因聚南海神威灵，故而拥有灵异之能。因人群基础广泛、制度性限制少，使得该类物品具有种类繁多、来源复杂的特点。又供物与祭物属性较为接近，其核心区别体现在因施物人、祭祀公私不同而带来的地位、性质、含义等不同。值得注意的是，祭田是诸供物中最为特殊的一类，据屈大均（1630—1696）记载，南海神庙祭田始于明宣德年间（1426—1435）由屈氏先祖萝壁、鉴、怀义三人捐献，共"施田六顷六十八亩，在波罗海心沙、东马廊、西马廊、深井、金鼎、石鱼塘。田乃潮田，岁一熟"[8]，施田之目的在于利用田产租税供应南海神祭祀之费。至清末，据光绪十六年（1890）《番禺县谕示碑》，神庙祭田已遍及广州府各地，由凝真观道士与海光寺共同管理。

综上，就一般意义而言，官员、民众完成祭祀活动，需要其人与物品依制度规范有序协同、按部就班推进。在上述五类祭祀物品中，祭品（器）、乐器、仪服等皆因礼制要求而设，是为了完成礼制规范进行祭祀必不可少之物，祭物（祝文等除外）与供物属于非一般性礼制要求，多为基本祭祀之外按惯例设置或临时增添，单纯就履行祭祀活动所需而言，数量多寡，甚至有无皆可。当然，在特殊情况下，各

---

① （明）徐一夔等：《明集礼》卷一四《吉礼十四》，第 25 页。
② 黄兆辉、张菽晖：《南海神庙碑刻集》，第 216 页。
③ 黄兆辉、张菽晖：《南海神庙碑刻集》，第 6 页。
④ 黄兆辉、张菽晖：《南海神庙碑刻集》，第 220 页。
⑤ （明）徐一夔等：《明集礼》卷一四《吉礼十四》，第 25 页。
⑥ 广州市地方志办公室编，陈锦鸿点注：《南海神庙文献汇辑》，第 120 页。
⑦ （清）崔弼辑，闫晓青校注：《波罗外纪·自序》，广东人民出版社 2017 年版，第 11 页。
⑧ （清）屈大均：《广东新语》卷六《神语》，中华书局 2010 年版，第 206 页。

类别并无严格界限，如一些祭品由皇帝御赐，又兼具了祭物属性。

二、存物举要

考诸文献与实物，前文所述诸类祭祀物品，在历史上曾存续诸多实物，有金银、玉、丝织、钱币、铜、铁、木等材质，兹依具体物品分述如下：

其一，香与香盒。香，又称御香，历代皇帝、朝廷遣使必赐之物。唐宋时即向岳渎赐御香。元代于南海神祭祀时，极重御香之事，常由皇帝亲授使臣，并于祭文中明言之。同时，加赐香盒，用于放置御香，称谓上有银盒、金香盒、宝盒等之分，"每岁遣使奉祠，银香合一，重二十五两"①，且每次只赐一种。明代多赐黄、白金香盒，如洪武二年正月，"上躬署御名，以香祝授使者，百官公服送至中书省。使者就行香，用黄金为合，以贮之"②。成化八年（1472）余志重修神庙，其中"拜香一亭，恢廓规模，可容百执"③，可见祭祀时以香敬神的关键性，以至于需要一组恢宏的建筑为之。关于香盒之使用，《广东新语》载："藩臬大夫每春秋仲月壬日致祭，先出香盒于官库，赍至神前，祭毕复归藏焉。"④可知，清代之香盒已重复使用，非每次祭祀皆新赐。

其二，玉器。一是玉简。唐天宝十年（751），因册封南海神为广利王，唐玄宗赐此简，乃特意为之而非常制，后由张九章携至神庙。元吴莱（1297—1340）《古迹记》称其时已不存，明万历《广东通志》称"其后玉简在道录司"⑤，这里说的"道录司"当非指当朝。二是玉璧、玉环、玉圭等。唐代规定，海渎时"祭神之玉，两圭有邸"⑥，故张九章祭祀时"将璧环币帛之贶"⑦，其玉璧、玉环皆为此次祭祀特制，其留存情况缺载。宋与唐代同，元代则"祀岳镇海渎……不用玉币"⑧，明清同。三是玉砚，唐代所赐，流传情况不详。四是玉带。宋真宗所赐，后世典籍多次记述，明嘉靖《广州志》称："宋真宗所赐。旧藏市舶库，今废。"⑨值得注意的是，此言与上文"玉

---

① （明）徐一夔等：《明集礼》卷一四《吉礼十四》，第 22 页。

② （明）姚广孝等：《明太祖实录》卷三八，中研院史语所 1962 年校印，第 8 页。

③ 黄兆辉、张菽晖：《南海神庙碑刻集》，第 166 页。

④ （清）屈大均：《广东新语》卷六《神语》，第 206 页。

⑤ （明）郭棐：《广东通志》卷七一《杂录上》，万历三十年（1602）刊本，第 6 页。

⑥ （唐）徐坚等：《大唐开元礼》卷三六《祭四海四渎》，四库全书本，第 2 页。

⑦ 黄兆辉、张菽晖：《南海神庙碑刻集》，第 216 页。

⑧ （明）徐一夔等：《明集礼》卷一四《吉礼十四》，第 22 页。

⑨ （明）黄佐纂修：《广州志》卷三十四《古迹》，嘉靖六年（1527）刻本，第 8 页。

简在道录司"之语透露出皇帝所赐诸物未必存放于庙内，或因神庙内安全性不足所致。宋大中祥符元年（1008），真宗前往泰山封禅前夕，"遣官告天地、宗庙、岳渎诸祠"①，其后又对诸人进行赏赐，次年"以封禅庆成，赐宗室、辅臣袭衣、金带、器币"②，南海神庙玉带或与此次封禅赏赐有关。五是玉印。明代所赐，铭文为"南海神印"，广州海事博物馆藏复制品一件，其具体来源不详，通高9.8厘米，印面长10.2厘米、宽10.2厘米。

其三，丝织品。一是帛。帛与香相类，岳渎祭祀常称"香帛之仪"，为官方历次祭祀皆必备之物。唐代"有邸币随方色"，明代"币帛一段，长丈有八尺"③，清雍正时帛"色白"④。清代，朝廷遣使时，还常以礼部、太常寺诸官专任"赍送香帛官"与使臣同往地方参与祭祀，今可见前往南海神庙香帛官有乾隆五十年（1785）和泰、乾隆五十五年（1790）庆瑞，嘉庆五年（1800）霭忻，三人皆为太常寺笔帖式。它处岳渎亦有可考者：西岳有乾隆十七年（1752）礼部署主事鄂赍，乾隆二十七年（1762）礼部笔帖式梁琪、乾隆五十五年笔帖式舒山，嘉庆五年礼部笔帖式保昌；东镇有康熙二十三年（1684）太常寺笔帖式苏哈达、康熙二十七年（1688）礼部笔帖式苏那海、康熙四十八年（1709）"礼部七品笔帖式"刘信全、康熙五十二年（1713）笔帖式伊兰太、康熙五十八年（1719）"礼部仪制司八品笔帖式"白奇，雍正十三年（1735）笔帖式清福，乾隆十三年（1748）"礼部八品笔帖式佛尔钦额"、乾隆四十一年（1776）与乾隆四十五年（1780）皆为礼部笔帖式永清，嘉庆五年为笔帖式忠德、嘉庆二十四年（1819）太常笔帖式富明阿。由此可知，康、雍、乾、嘉四朝遣使祭祀岳渎诸神时皆专设香帛官，嘉庆二十五年（1820）诸庙改由地方官员祭祀后，该官同步取消。二是仪服。宋至和元年（1054），册封南海神为"昭顺王"同时，又"敕中贵人乘传加王九旒、犀簪导、青纩、充耳、青衣五章、朱裳四章、革带钩䚢、绮绞素单、大带锦绶、剑佩履袜，并内出花钗九树，株襦簪镊，署曰：'赐明顺夫人'"⑤，赐予南海神及夫人全套仪服。它处岳渎亦有类似之赐，以西镇吴

---

① （元）脱脱：《宋史》卷七《真宗二》，中华书局2000年版，第91页。

② （元）脱脱：《宋史》卷七《真宗二》，第93页。

③ （明）徐一夔等：《明集礼》卷一四《吉礼十四》，第22页。

④ 广州市地方志办公室编，陈锦鸿点注：《南海神庙文献汇辑》，第145页。

⑤ 黄兆辉、张菽晖：《南海神庙碑刻集》，第39页。

山为例，唐兴元元年（784）赐西镇吴山神"锦袍、金带"、夫人"花冠"等①，宋"太祖平湖南，命给事中李昉祭南岳，继令有司制诸岳神衣、冠、剑、履，遣使易之……六年，遣使奉衣、冠、剑、履，送西镇吴岳庙"②。高宗绍兴十四年（1144）望祀中岳嵩山，"令有司制岳神衣冠剑履，遣使易之"③。可知，此举乃唐宋惯常为之。三是幡。元代规定四海祭祀时，赐予"销金幡二"④，称谓有金幡、锦幡、销金幡、纳失失幡等，个别时间同时赐予非只一种。明洪武年间曾一度延续前朝做法，后取消。

其四，钱币。元代规定"五岳各中统钞五百贯，四渎、四海、五镇各中统钞二百五十贯"，如遇皇帝登基"各加银五十两"⑤，称谓有课银、币、楮币、白金、祭钱等，历次实际执行时数量基本与规定吻合。明代亦赐钱，然用"以供市祭物"⑥，即用于采买祭品等物，而非直接供奉。清乾隆二年（1737）"祭神品物银定制"规定："南海神品物银十八两"⑦。

其五，匾额。唐代册封南海神为广利王，未知是否制匾至庙。宋代册封则制匾。元绛载皇祐五年（1053）加"昭顺"之号时，"遣使奉将绨函就勒扁署"⑧以祭祀。由此推测，宋之洪圣、威显封号，亦当刻匾。清康熙四十二年（1703），康熙御书"万里波澄"四字赐南海，使臣范承烈"敬制扁额，悬于祠宇"⑨。此外，宋庆元三年（1197）赐"英护"庙额，元至元二十八年（1291）加"灵孚"号，清嘉庆五年御书"灵濯朝宗"四字，皆当制匾。

其六，杂赐诸物。一是象鞭，唐代所赐，明成化《广州志》称其十分"精致"⑩，它种情形不详。二是石砚，唐代所赐，具体情况不详。三是金书刻表、龙牙、火浣布诸物，宋真宗曾赐"蕃国"敬奉这些物品"各一"⑪，留存情况不详。蕃国所进之物，

① 冯宏波：《中国五大镇山——西镇吴山》，第 162 页。

② 冯宏波：《中国五大镇山——西镇吴山》，第 162 页。

③ （清）景日昣：《嵩岳庙史》卷六《祀典》，第 12 页。

④ （明）宋濂等：《元史》卷七六《祭祀五》，中华书局 2000 年版，第 1263 页。

⑤ （明）宋濂等：《元史》卷七六《祭祀五》，第 1263 页。

⑥ （明）姚广孝等：《明太祖实录》卷三八，第 9 页。

⑦ 广州市地方志办公室编，陈锦鸿点注：《南海神庙文献汇辑》，第 147 页。

⑧ 黄兆辉、张菽晖：《南海神庙碑刻集》，第 39 页。

⑨ 黄兆辉、张菽晖：《南海神庙碑刻集》，第 185 页。

⑩ （明）吴中修、王文凤：《广州志》卷三十《艺文》，《广东历代方志集成（广州府部一）》，岭南美术出版社 2009 年版，第 177 页。

⑪ （明）郭棐：《广东通志》卷七十一《杂录上》，第 6—7 页。

又赐予南海神，或因为南海海路沿途诸国经广州进奉，故而转赐。

其七，铜鼓。南海神庙内有一大一小两件铜鼓，其中，大者传为唐高州太守林霭所献，记载其事文献多达数十种，最早者为刘恂撰《岭表录异》，然其文称铜鼓乃僖宗时郑綑供奉，有误。郑綑（752—829）为岭南节度使时在宪宗朝（805—820），故宋《太平广记》在引述该文时，将"郑綑"改作"郑续"，后者在僖宗朝（873—888）曾为岭南节度使、广州刺史。小者传得自浔州（今广西桂平）铜鼓滩，时间不详，清代浔州"州东一里有铜鼓滩，当黔、郁二水合流处，春夏水涨，响如铜鼓"①。《大清一统志》载铜鼓滩："在桂平县东一里，当黔郁二水合流处，多巨石，春夏水涨，其声如鼓。《明统志》：浔江中有碧滩、弩滩、思傍滩、矶石滩并铜鼓，为五水石，俱险隘。"②该铜鼓原在浔州太守处，后"为番人所窃，声遂稍石，乃归于南海庙中"③。清翁方纲（1733—1818）曾亲自查验二铜鼓并有详细记述。大者一直存放于庙中，至20世纪90年代被盗走，小者流转情况不明。此外，有关南海神庙铜鼓亦有其他说法，如宋方信孺言铜鼓"南海东西庙皆有之。东庙者径至五尺五寸，高有其半，俗谓洪圣王旧物"④，又有言铜鼓大者雌雄各一或大小各二者，皆无法证实。

其八，明代蒲牢钮铸铁钟。景泰六年（1455），由鹿步巡检司、本同流官、巡检、本庙道士共同"造钟，敬奉波罗庙南海神永远供养"⑤。钟今仍存庙中，通高105厘米，口径94.6厘米。

其九，铁鼎诸物。明万历元年（1573）八月，由信士陈良谏、曾世伟、赵璧等十人敬奉，经黄君汉铸造，共"舍供器伍口，重二千余斤"，以"祈保众信合家清吉，老幼健康，子孙昌盛，福寿无疆"，其中铁鼎"左耳高二尺四寸，右耳阙，颈八寸，腹二尺，足高二尺，凡三，上盖高二尺"⑥，今皆不存。

其十，铁船。清崔弼记曰："庙旧有铁船，在后殿。约长八尺余，阔二尺，不知所自。每遇海风大起之夕，其船底必湿，人以为六侯巡海去。岁久不锈，铁质

① （清）顾祖禹：《读史方舆纪要》卷一〇八《广西三》，光绪二十七年（1901）刊本，第28页。

② （清）和珅：《大清一统志》卷三六三《浔州府》，四库全书本，第11页。

③ （清）屈大均：《广东新语》卷十六《器语》，第436页。

④ （元）方信孺：《南海百咏》，广陵书社2003年版，第66页。

⑤ 广州市地方志办公室编，陈锦鸿点注：《南海神庙文献汇辑》，第185页。

⑥ （清）李福泰、史澄等：《番禺县志》卷三十一《金石略四》，同治十年（1871）广州光霁堂刻本，第40页。

如新。刘香乱时始失去，庙旁诸父老犹能言之。"①六侯产生于宋代，刘香（？—1635）之乱在明崇祯年间，按此说，该铁船存于庙中在宋明间。对于该铁船的实际用途，或与祭祀过程中"沉币（帛）"有关。《济渎北海祭品碑》载诸祭祀物品中有"沉币双舫船一"②，清朱彝尊于此详考曰："旧俗庙不设祭器，先期令请于上官，购诸洛下，酬以税缗。所用沉币之舫，则以车远运沁河渡口。贞元十三年，济元令张洗，字濯缨，觇庙中楸槐数本，为大风所拔，用其材制祭器，凡百二十有二，余以造双舫云。按《尔雅》：祭川曰浮沉，郭景纯注以为投祭水中，或浮或沉，语焉未之详也。碑文谓沉币双舫，盖舫以浮之，币以沉之，比于郭氏之注，义较明晰。今山祇川后祠宇，恒有车船置殿左右，殆本古祭川遗制尔。洗于事神有礼，度治人必有方，惜乎斯铭不载图经，而洗之政事，亦无表见。"③舫与币一浮一沉，合乎《尔雅》之言。

其十一，铁酒槽。清崔弼记曰："铁酒槽亦如小船，祭者奠酒其中，氤氲蕴藉，久而不散，病者叩神，饮其余沈立愈。后亦失去"④，其又作"奠酒槽"，或祭祀时奠酒之用。

其十二，清乾隆葵花纹铸铁三足缸。其铭文为："乾隆二十七年二月吉日造，丁老三宅置"，今仍存庙中，高85厘米，口径77厘米，足高11厘米。

其十三，铁梨镶金丝楠木屏风。清嘉庆五年黄遇拱等人供奉，未知何时流失海外，广州海事博物馆于2018年发现并购回，该屏风共一套12件，高127厘米，全长336厘米。其铭文约400字，尽述南海神在粤地民众中的巨大影响力、南海神庙正祠的尊崇地位以及"波罗诞"庙会的盛况、民众至诚的心境。

综上，诸多存续物品跨越了礼制规范内外，凝结了国家礼制、民众信念与神灵特性等多重文化含义，是开展南海神等岳渎研究的珍贵史料。

三、物品功用

诸种祭祀物品与皇帝、朝臣、使者、地方官员、士绅和广大民众密切相关，呈现了国家礼制的设置、执行情状，寄托了众多人员的内心信仰和殷切希望，其体现

---

① （清）崔弼辑，闫晓青校注：《波罗外纪》卷三《法物》，第77页。

② 转引自冯军：《济渎庙碑刻研究》附录一《济渎庙历代碑文录》，郑州大学2011年硕士学位论文，第62页。

③ （清）朱彝尊：《曝书亭集》卷四九《跋八》，商务印书馆1935年版，第809页。

④ （清）崔弼辑，闫晓青校注：《波罗外纪》卷三《法物》，第77页。

的多方功用与影响力值得深入探讨。

首先，诸物是彰显皇帝恩宠、朝廷权威的主要方式。南海神祭祀属国家中祀的组成部分，又因地距京师辽远，皇帝无法亲临，故需官员代行祭祀，而祭物则代表皇帝与朝廷。如元至正十年（1350）遣使时，"皇帝在明仁殿未举。秘书监卿臣月鲁不花、翰林待制臣杨舟见，上函香手授之，若曰：'汝其代祀南海'"①，使臣例由皇帝亲遣、亲授祭物。历代使臣在南下时，亦多强调奉皇命而来，着力体现祭祀与皇帝的密切联系。以祝文署皇帝名事为例，《旧唐书》述岳渎祝版时载："旧仪，岳渎已下，祝版御署讫，北面再拜"；至证圣元年（695），武则天据有司上言允许"五岳已下，署而不拜"②；唐天宝六年（747）后，南海祝文称："维某年岁次月朔日，予嗣皇帝某谨遣某官姓名，敢昭告于……"③；元和十五年（820）祝文中"有皇帝名，乃上所自署。其文曰'嗣天子某，谨遣官某敬祭'"④。无独有偶，《南岳志》亦载："唐开元初定常祭仪，祝曰：祀天子某谨遣某官某，敢昭告于南岳衡山……"，又有中宗玉牒祝文："有唐嗣天子某，敢昭告于昊天上帝……"⑤可知，唐代诸多时期岳渎祭文署皇帝本人名无疑。宋代与唐类似，如乾道六年（1170）《祭谢五岳、四海、四渎祝文》曰："维乾道六年，岁次庚寅，某月朔日，皇帝某：伏为郊祀大礼礼毕，谨遣某官敢昭荐于……广州南海洪圣广利昭顺威显王……"⑥元代，南海神庙现存大德年间（1297—1307）祝文三篇，皆有"皇帝敬遣某某"之言。《明集礼》亦称："元遣使祀名山大川，祝文曰：天子谨遣臣某官，而不称名"⑦，可见，元代已不署皇帝名，此举或与元朝皇帝为蒙古姓氏，以汉文书写存在困难所致，明清时期与元代同。又如祭品，前文所述明嘉靖十一年祭祀中，其祭品共有三十二种，包括："牛一、羊一、豕一、鹿一、太羹、和羹、鹿醢、鱼醢、兔醢、醯醢、鹿脯、豚胉、脾析、芹菹、菁菹、韭菹、锎盐、藳鱼、白饼、黑饼、栗一、榛一、笋一、菱一、芡一、枣一、黍一、稷一、稻一、粱一、酒一、烛五"⑧，嘉靖十七年（1538）

361

① 黄兆辉、张菽晖：《南海神庙碑刻集》，第56—57页。
② （后晋）刘昫：《旧唐书》卷二四《礼仪四》，中华书局2000年版，第616—617页。
③ （唐）王泾：《大唐郊祀录》卷八《祭礼一》，适园丛书版，第11页。
④ 广州市地方志办公室编，陈锦鸿点注：《南海神庙文献汇辑》，第162页。
⑤ （清）旷敏本、高自位、黄宫等：《南岳志》卷四，乾隆十八年（1753）刻本，第30页。
⑥ （清）徐松辑：《中兴礼书》卷三二《吉礼》，清蒋氏宝彝堂抄本，第13页。
⑦ （明）徐一夔等：《明集礼》卷一四《吉礼十四》，第12页。
⑧ 黄兆辉、张菽晖：《南海神庙碑刻集》，第110页。

谢神赐子嗣时，祭品与之相同，虽无祭物，但二者通过祭品的超越常祀，仍表达了特意尊崇的效果。同时，诸物本身即是地位崇高的政治象征物，彰显皇帝恩宠、朝廷权威，它们的存在能够传导政治压力给负责祭祀的各级官员，促使其按照礼制要求完成祭祀使命。

其次，诸物是构建人与神灵之间特殊关系的重要路径。南海神庙仪门匾额有"圣德咸沾"四字，意为南海神之恩泽于敬神者皆得均沾，其表达了上至皇帝、朝臣，下到黎民百姓，敬神、祭祀的最终目的，是希望得到神灵庇佑。清雍正二年（1724），面对上海、浙江等处海水泛溢，雍正帝发布上谕道："今愚民昧于此理，往往淫祀而不信明神，傲慢亵渎，致于天谴"①，将自然灾异归结于民众祀神不诚，体现了天人感应思想与古代社会普遍信神心理。在敬神之诚与庇佑不断之间，祭祀物品无疑是一种重要媒介。清康熙年间，原属屈氏的南海神庙祭田管理权被官府剥夺，屈氏族人屈士煌严词表达不满情绪后，又道："吾族自三祖施田以来，神日降麻，于弟多能沐诗书之泽，翱翔显于世"②，其意为自施田后屈氏子弟读书有成，已深受神灵福泽，他人无法人为断裂。此言展示了在依礼祀神、敬奉诸物的官民心中，诸物构建了施物人与南海神之间的特殊关系，并能因该种联系带来更多福荫。

前文所述清嘉庆五年屏风铭文后详列了供奉人员，他们皆名不见经传，人员涉及梁、谭、黄、张四族人，共达 110 人，其中，梁姓 58 人，谭姓 40 人，黄姓 11 人，张姓 1 人。可推测，梁、谭、黄三族人中的主要男丁应皆名列屏上，希藉供奉此屏以获得南海神眷顾之意昭然。

最后，诸物发挥着增添南海神威仪及增强灵应影响的作用。诸祭祀物品敬奉至庙后，往往能够产生长远且深刻的影响，在当时可增添神之威仪，在其后则能扩张神之灵应影响。唐裴铏《传奇》载"张无颇"事中有多处南海神相关物品描写，人物穿着有"王者之衣""黄衣""紫衣""青衣"，用品和配饰有"环佩""翠玉双鸾篦""骇鸡犀、翡翠碗、丽玉明瑰"，宫殿有"殿廷""小殿""贵主院"等，以及出自南海神宫的神异道具"玉龙膏""暖金盒"等，它们大都由唐代现实之物投射到小说之中，将民众身边之物与灵异事件结合，增强了南海神在人们心中崇高地位的有效性。无独有偶，南海神庙两铜鼓久在庙中，皆传出灵异事。大者"相传

① （清）崔弼辑，闫晓青校注：《波罗外纪·谕沿海居民敬神》，第 14 页。
② （清）崔弼辑，闫晓青校注：《波罗外纪》卷七《文赋》，第 235 页。

自海中浮至，明嘉靖间，海盗曾一本谋移去，铁索忽断，不可举，乃已"，小者"自遭盗劫，灵蠡殊缺，不复自鸣"，又传铜鼓"其一为黄萧养所毁"。[①] 曾一本为嘉靖年间著名海盗，然多活动于漳、潮一带，若曾发生图谋移走庙中铜鼓事，则其势力曾达至广州城外围。黄萧养（？—1450），南海人，为正统年间农民起义领袖，曾围攻广州数月，其间发生盗神庙及毁铜鼓的可能性较大。此二事乃明中期社会动荡的体现，与民众人身、财产安危息息相关，更利于在社会上扩张南海神的影响力。

还有一些祭祀衍生之物亦能产生类似效果，如用于占卜的灵签，学者林国平认为其"基本特点是以诗歌为载体、以竹签为占具来占卜吉凶……大约产生在唐代中后期……宋代的一些灵签就有了注解、断语等，明清时期又增加了典故、传说故事、释义、占验、上中下判语等等内容……反映了唐宋以来中国宗教信仰的世俗化的历史进程"[②]。换言之，灵签是唐宋以后民间神灵信仰的一种大众化的表达方式，清崔弼载"波罗诞"期间庙之两庑下便有"卖签语者、卖符者"杂于众人之间，庙内桌上又放置着"签珓"[③]。近年，笔者发现与南海神有关的灵签数种，包括《新刻波罗洪圣王签》《洪圣宫古人列》《洪圣大王座镇》《洪圣签语》等，其中前两种已寻得其全文（后两种或为第一种的其他版本）。以《新刻波罗洪圣王签》为例，该签刊刻于乾隆二十五年（1760），柳山福文堂藏版，封面题曰"御祭"，又曰："波罗原本注解，一字无讹，与别刻不同，请认真知便是"，为该书宣传语。全书共64签，即合《周易》64卦，依乾、坎、艮、震、巽、离、坤、兑分宫次序排列，自第1签"乾为天"始，至第64签"雷泽归妹"终。各签签文由六爻、题诗组成；签文外，各签设18项注解，包括：圣解（占验，即整体兆相、应验情况）、天时（天气）、自身（己之运势）、求官（官禄、科举）、婚姻、六用（感知器官所触及之事）、家宅（阳宅）、官讼、谋望、行人（在外之人）、出行（己之外出）、风水（墓葬）、失物、求财、占病、田蚕、寻人、小儿等，各注解名称略有差异，求官亦称功名，占病亦称患病，寻人亦称捕盗等，各签之注解次序亦略有差异。通过上述注解中文辞的好坏，实现个人所求所问之事的吉凶断定。

① （清）任果：《番禺县志》卷二〇《杂记》，第3—5页。
② 林国平：《论灵签的产生与演变》，《世界宗教研究》2006年第4期，第81页。
③ （清）崔弼辑，闫晓青校注：《波罗外纪》卷二《庙境》，第65页。

综上，无论是依祭祀制度而存之物，还是非制度的民众自觉供奉之物，都为祭祀各方带来益处，施物人以此履行了职责、达成了目的、获得了心理慰藉，神灵因之增强了威仪和影响力；反观之，诸物亦可看作是祭祀的承载体、润滑剂和象征物，在祭祀全过程中持续发挥着关键作用。

四、余论

南海之外的它处岳渎祠宇祭祀物品情况同样值得关注，它们属同一类祭祀体系，虽受到同种礼制规范约束，但是，一方面因受岳渎内部层次之分、王朝统治力等影响，而使得历代统治者的重视度有轻重，另一方面又因分处不同区域而受当地习惯、人员、财力等影响，而造成诸处祭祀物品表现出纷繁的多样性。

首先，从文献习惯上看，历代在述及岳渎祭祀物品时，主要有两种倾向：一是本其时代不同用语习惯而概言之，唐宋元时常以"清酌庶羞"指代诸物品，明代更多使用"牺牲祝帛""香帛""牲醴""香帛牲醴""香币牲醴"等指代诸物品。二是直言诸物名称者亦较为普遍，唐贞观十九年（645）太宗"以太牢之奠敬祭于恒岳"①，长安二年（702）并州道行军副大总管尹元凯以"酒脯时果"②祀中镇霍山，特意指出时令果品。开元礼定南岳祭文曰："以玉币、牺齐、粢盛、庶品朝荐于神"③。元至大四年（1311），必阇赤李槃祀中镇，称香为"天香"④。而清代则不同，祭文等文字基本省却诸祭祀物品以及相关指代文辞。

其次，从物品存在情况看，一些祠宇祭祀实物的丰富性远超今天所知，如《济渎北海祭品碑》载唐贞元十三年（797）新置"祭器"及"杂器"共"一千二百九十二事"，除前文所述诸项外，文字可见者还有"席七十领，五幅□两□，繸四领，□毯子四，浴斛一，方毯子八，蒲合廿领，□床两张，□床一十六张，内三张细，连心床一张，四尺床子八，绳床□，内四依子……火炉床子一，竹床子一，灯台四，柴盆子二，竹衣架□，鹿□枕四"，还有鞍架、帘子、盆、罐、镬、瓮、盘、甑、

① （明）何出光：《北岳庙集》卷三《祀章考》，万历十八年（1590）刻本，第 1 页。

② 释力空：《霍山志》，山西人民出版社 1986 年版，第 35 页。

③ （清）李元度修纂，（民国）王香余增补，刘建平点校：《南岳志》，岳麓出版社 2013 年版，第 304 页。

④ 释力空：《霍山志》卷五《艺文志》，第 36 页。

桉、杓、钩、笼、巾、茶碾、香炉等器物，数量不一。^① 这诸多物品多因张洗的个人认识为之，不具有普遍性。

最后，从物品实际使用上看，岳渎内部存在差异性。如宋真宗大中祥符四年五岳加封帝号，其祭祀过程为："奉册使以次升自东阶，受册于御座前，降西阶。副使受衮冕舆于丹墀。玉册至朝元门外，上复坐。册使奉册升辂，鼓吹成行。册至庙，内外列黄麾仗，奉册于辂，衮冕于舆，副使袴褶骑从，遣官三十员前导。及门，奉至幄次，以州长吏以下充祀官。致祭毕，奉玉册、衮冕置殿内。"^② 该文以祝册至庙前后为中心，记述了衮冕、鼓乐、仪仗等物品的使用情况，其礼制高于镇海渎封王及一般性祭祀。又如唐玄宗玉简、宋真宗玉带事，在赐予以后的长时间历史中，广为士人称道，成为南海神庙广受尊崇的象征物。宋真宗似习惯于以赐予物品以表达特别恩宠，咸平六年（1003），诏令："于南岳诸殿逐日共破乳香一两。复虑泰山等四岳有似此未破香处，亦乞特降指挥。自是敕下华州勘定西岳合销乳香……遂共分析本庙一十一处，合销乳香半两。"^③ 通过增五岳乳香的形式提升其祭祀优渥程度。

综上，祭祀物品加快了祭祀成为一种具体式、实体化的过程，提升了祭祀行为的丰富性和祭祀人的参与度，且诸物品在祭祀结束后长时间存在，又增强了祭祀的现实意义，物在神侧，人则享受安澜，神庇恩泽的浸润力亦更加深远、绵长。

① 转引自冯军：《济渎庙碑刻研究》附录一《济渎庙历代碑文录》，郑州大学 2011 年硕士学位论文，第 61—63 页。
② （清）李元度修纂，（民国）王香余增补，刘建平点校：《南岳志》，第 305 页。
③ 张江涛、刘帆：《西岳庙碑石》，中央文献出版社 2011 年版，第 189 页。

岭南建筑装饰赏析
——以南海神庙为例

广州海事博物馆　　陈迪

　　岭南古建筑是重要的文化遗产，其建筑技术及工艺是人类知识瑰宝，建筑上的各种装饰具有独特的艺术风格；而南海神庙作为岭南极具代表性的古建筑，其建筑装饰极大地反映了岭南建筑装饰的特色。但目前关于南海神庙建筑装饰的研究文章十分少见，故笔者在介绍南海神庙概况后，将从南海神庙建筑装饰产生的背景、特征与功能三方面进行赏析，以期为今后南海神庙乃至岭南建筑装饰的保护与活化利用提供些许借鉴。

一、南海神庙概况

　　南海神庙又称波罗庙，始建于隋开皇十四年（594），距今已有1400多年的历史，是中国古代四大海神庙中唯一留存下来的建筑群，也是我国古代海上丝绸之路对外贸易的重要史迹。2013年5月被列为全国重点文物保护单位。

　　南海神庙自建立以来，历代中央王朝曾多次派遣官员前来祭拜与修葺，直至明成化八年（1472），神庙规制基本定型，开祠门道，通码头及入庙内，铺石路以通浴日亭，并修大门、东西廊庑、两轩、阶级、拜亭、前后殿、神厨庖库、斋堂。此后，神庙又经过多次局部的修葺。但在1938—1945年日军占领广州期间，南海神庙遭受严重破坏。新中国成立以来，政府对南海神庙进行多次维修保护。1986年对南海神庙进行复原重修；2005年对南海神庙周边环境进行整治；2016年结合海丝申遗需求，对南海神庙建筑本体进行维修养护。南海神庙建筑本体历经朝代兴衰与变迁，发展演变了1000多年，见证了广府地区建筑的发展变迁，其建筑装饰作为建筑本体最为经典的部分，亦体现了岭南建筑装饰独特的文化内涵与功能价值。

二、南海神庙建筑装饰产生的背景
（一）自然环境

　　独特的地理位置和气候特征是形成南海神庙建筑装饰艺术风格的自然背景。首先是地理位置，南海神庙坐落于广州市黄埔区庙头村，隋唐时期的扶胥镇，韩愈在《南海神广利王庙碑》一文中称其为"扶胥之口，黄木之湾"。古时的南海神庙地处珠江入海口，前为宽阔浩渺的狮子洋，东江和西江、北江在此合流、交汇。今天的南海神庙周边水系主要有北面的龙头山水系、飞龙岗水库，西侧的庙头涌，东侧的清河涌以及南面的景观湖、珠江等。① 可以说，从古至今，南海神庙周边都是河网密布、河流众多，水系极为丰富，故南海神庙在建筑装饰上多体现海洋、河流等相关文化因素。其次是气候条件，南海神庙地处位于亚热带沿海地区的广州，属海洋性亚热带季风气候，光热充足、四季多雨，有利于花草树木等植物的生长，因而南海神庙的建筑装饰也相应地体现了排水防潮、多植物类花纹等特点。

（二）政治因素

南海神庙的建立与选址有其独特的政治因素。一方面，南海神庙是应诏而建，《隋书·礼仪志》记："开皇十四年闰十月……南海于南海镇南，并近海立祠……"②，由此可知南海神庙是由封建帝王为完善岳镇海渎亲自下令建立的，其官庙地位也由此确立，此后历代统治者均十分重视南海神庙，多次进行修葺与扩建。另一方面，其选址于扶胥镇，不仅与扶胥镇（南海镇）当时作为南海县政治文化中心的重要地位密不可分；更是出于国家政权的宣示，其广州入海口的要冲地理位置，是中央王朝军事要塞及领土疆域延伸的标志。由此可见，南海神庙的建立与选址均离不开中央王朝的政治需求，因而南海神庙的建筑必然要体现政治教化等功能，建筑中的装饰也或多或少体现着政治因素。

（三）人文背景

岭南先人属于百越民族，历史上随着中原人的迁徙，不断融入以中原文化为主流的岭北汉文化，岭南建筑风格也受到北方文化的影响。从地理位置上来说，岭南文化分为广东文化、桂系文化和海南文化三大块，广东文化又可细分为广府文化、潮汕文化、客家文化等。其中，广府文化在土著文化即南越文化的基础上通过移民等形式传承了唐宋以来的中原文化，明清时期又在海外贸易的影响下吸收了西洋文化，经过几百年的不断融合发展，具有包容、开放的独特魅力。南海神庙即位于广州——广府文化的中心，其建筑风格与装饰必然体现着广府文化的人文建筑风俗，博采众长、绚丽多彩。

---

① 周晓琳：《南海神庙建筑演变》，华南理工大学 2016 年硕士学位论文，第 16 页。
② （唐）魏徵等：《隋书》卷七《礼仪二》，中华书局 1973 年版，第 140 页。

三、南海神庙建筑装饰的特征

南海神庙建筑恢宏，是四大海神庙中唯一留存下来的历史最久、规模最大、保存最完整的海神庙，其建筑装饰风格整体古朴沉稳，下面笔者将从建筑构件、纹样、色彩装饰等方面进行赏析。

（一）建筑构件装饰

根据建筑的营造，可将建筑装饰划分为屋顶、墙面、地面，下面将对南海神庙的屋顶装饰、墙面装饰以及地面装饰进行浅析。

一是屋顶建筑装饰，可从屋顶形式以及屋脊样式等进行研究。南海神庙的主体建筑分为头门、仪门、礼亭、大殿、后殿等，其中，头门为硬山顶，屋面铺绿色琉璃瓦，屋脊有二龙争珠、鳌鱼倒悬、双凤翱翔等装饰；仪门除屋顶形式为悬山顶外，屋面与屋脊装饰和头门相同；大殿与礼亭均为单檐歇山顶，屋面铺绿色琉璃瓦，大殿屋脊饰以二龙争珠、鳌鱼倒悬、双凤翱翔及花草等造型，礼亭则以宝珠、鳌鱼为脊饰；后殿为硬山顶，屋面与屋脊装饰同大殿相近。不难看出，南海神庙的屋顶脊饰以双龙、鳌鱼等水族动物为主，甚至脊刹的宝珠上还饰有高耸的云朵和水纹，这一方面体现了水火相克的寓意，以期能引水克火，使以木架构为主的南海神庙建筑本体免遭火蚀；另一方面这些水族动物和花草造型装饰也是南海神庙临海，周围水系丰富以及四季多雨，花草繁茂自然环境的反映。二是墙面建筑装饰，可从筑墙方式及材料、门、窗进行分析。南海神庙的墙面建筑装饰整体可用"素雅"二字形容，屋身采用厚实而排列严整的青石砖砌成，墙面简朴保留原色，大殿与后殿均采用格扇门，用于采光、通风，窗为菱形，门窗均无过多装饰。方正严整的壁面，青灰色的砖墙，朴拙的门窗反映了广府建筑中细腻雅致的人文精神。三是地面建筑装饰，可从台基及地面铺装进行探讨。台基分为普通台基和须弥座，南海神庙大殿与后殿的建筑台基均为普通台基，结构简单，起到平衡构图、稳固防潮的作用。南海神庙的地面铺装则以长条形花岗岩为主，色调冷峻而样式单一，线条刚直而块面硕大，营造出严肃与稳重，给人不怒而威的崇高之感，这不仅反映了南海神的神圣与不可侵犯，也是南海神庙作为官庙庄严、肃穆政治地位的体现。此外，为防止木柱接触地面而受湿气侵蚀，同时为加强柱基的承压力，南海神庙的木柱下面均有石雕柱础承载木柱体，这些柱础形状各异，有小八角柱础、覆盆式柱础、櫍形础等等，在实用的基础上兼具装饰的美观性。

南海神庙头门屋脊建筑装饰

南海神庙大殿内门窗

南海神庙地面台基

小八角柱础

石质鼓形高柱础

櫍形础

覆盆式柱础

南海神庙柱础

（二）建筑纹样装饰

　　装饰纹样依附在南海神庙建筑的多处部位，不仅提高了建筑的价值与品位，甚至还起到了辅助教化的作用，下面笔者将选取最具代表性的屋顶与墙面的构件即瓦当与方砖进行纹样装饰赏析。

　　广州海事博物馆现藏南海神庙唐至清代瓦当共68件，纹饰多为莲花纹、"金玉"文字纹及其他花草类纹样，多承载着吉祥美好的寓意，有着重要的审美价值和象征意义。此外，广州海事博物馆还藏有南海神庙建筑砖构件36件，其中，花草纹砖12件，窗花砖饰10件，1件印"广州"文字砖，其余13件砖素面无纹。与瓦当相比，方砖构件的纹饰要较为简单，多为不同形式的花纹砖，这正与南海神庙墙面建筑装饰追求素淡雅致所契合。

广州海事博物馆藏宋南海神庙莲花纹瓦当　　　　　广州海事博物馆藏清南海神庙花草纹残砖

（三）建筑色彩装饰

南海神庙的建筑色彩十分丰富，有红、绿、灰、黑、白、黄等不同色系，不同建筑部位用色区别较大。南海神庙的屋顶偏好鲜艳且对比强烈的色彩，采用红脊、绿瓦配以多彩脊饰，绚丽夺目。屋身则以灰、红、黑、白、黄五个颜色为主，灰色是基底的青砖，亦是南海神庙墙面的颜色，营造了神庙凝重、肃穆的氛围。红色是南海神庙建筑中尊贵的颜色，等级最高的大殿从门扇、神龛到大木作都用红色；等级稍低的后殿中的门扇、神龛与柱身、梁架也使用红色；配祀诸位神明的仪门，除神龛以红色为主，门扇红、黑相配，其余红色出现在少数红砂岩柱身上；最外层的头门只有主梁与上层格扇涂以红色。[①] 南海神庙中的黑色与红色搭配可大致建构出庙中各建筑单体的等级，等级最高的大殿几乎不见黑色；等级稍低的后殿屋顶檩、桁则为纯黑；等级再次的仪门与最外层的头门，所有大木作均漆以纯黑。另外还有少数白色与黄色，见于内墙或少数建筑构件装饰中。

南海神庙建筑色彩装饰中运用大块面灰、黑、红色系，传承了中国传统寺庙净素淡雅的风格，是广府文化中蕴含的唐宋以来中原文化的体现；屋顶的鲜亮则表明了南海神的高贵以及南海神庙作为官庙地位的尊贵。

---

① 唐孝祥、王永志：《广州南海神庙与台湾妈祖庙装饰文化比较》，《南方建筑》2011年第1期，第32—35页。

南海神庙大殿 南海神庙仪门及复廊

四、南海神庙建筑装饰的功能

南海神庙建筑装饰是功能性与象征性的结合，是实用功能、美化功能与象征意义的完美统一，不仅体现了建筑装饰艺术特有的功利性特征，也做到了审美的表达，展现了建筑装饰艺术形式美的特征[①]，并最终通过象征与隐喻等手法达到意义的承载。下面笔者将从实用功能、美化功能及象征功能三个层次浅析南海神庙建筑装饰的功能。

（一）实用功能

南海神庙屋顶建筑装饰极具代表性，其实用功能主要为遮阳、避雨、采光等。南海神庙大殿、后殿、仪门、头门等主体建筑屋顶上交界面产生的结点与脊饰，即出于防水的根本需要，如位于屋脊两端的鳌鱼脊饰就能使瓦片更加紧实地安放在屋顶之上，避免大风雨水对屋面砖瓦的影响，保护屋脊内部。此外，南海神庙各主体建筑屋顶的檐口部分稍出挑于屋面，较为平直，结合瓦当、滴水可创造遮阳、避雨、采光的物理条件。

南海神庙墙面建筑装饰的实用功能包括墙体的支撑、防潮、隔音，门窗的通风、采光等。南海神庙大殿、后殿、仪门、头门等建筑主体均采用青砖为筑墙材料，墙体强度高且防水。仪门、头门的板门厚实，能够起到保卫建筑的作用；大殿、后殿采用格扇门，格心可用于采光、透气、通风。

南海神庙受台风、暴雨影响较多，因而其地面建筑装饰多考虑防水、防潮、耐腐蚀等功能。头门、仪门、礼亭、大殿、后殿建筑底部均添加石台基，既能防水、

---

① 薛颖：《近代岭南建筑装饰研究》，华南理工大学 2012 年博士学位论文，第 33 页。

防潮、耐腐蚀，又起到稳固层基的作用；大殿、后殿屋内采用石铺地面装饰，庭院、仪门复廊也都使用矩形石板条进行铺地，用以防水、防潮。

（二）美化功能

建筑装饰不仅具备实用的属性，还具备精神的属性，而审美就是其精神属性中的一个重要内容。[①] 建筑装饰之美要与人的审美相统一，南海神庙建筑装饰的美化功能也必然产生于人的审美需要。如南海神庙地面建筑装饰的台基在防水、防潮等实用功能外，重要的是还能平衡建筑立面的构图，避免庞大屋顶产生的头重脚轻之感；并且通过台基高低的变化，还能分割庭院内空间，特别是南海神庙大殿的台基要高于庙内其他建筑，起到了突出重点空间的美化作用。

在中国的传统审美观中，美与善统一，美诞生在吉祥的希望与生命生存的保障过程之中，吉祥为美，因而中国的装饰图案很多以吉祥为主题。[②] 南海神庙的建筑装饰中亦有很多吉祥纹饰，如有"独占鳌头""龙凤呈祥"的鳌鱼、龙凤等屋顶脊饰，还有"莲花""云龙""金玉"等纹样的瓦当等，无不体现了"羊大为美"的审美观念。

（三）象征功能

意义承载是建筑装饰的最终目的，也属建筑装饰的精神范畴，比实用功能与美化功能更能体现建筑装饰的本质。南海神庙的建筑装饰亦十分注重意义表达，具有显著的象征意义。首先，南海神庙建筑丰富的屋脊装饰可概括为"祥禽瑞兽"，承载着祈求平安、驱邪避害等重要意义，无论是双龙还是鳌鱼都有着"喷水吞火"使建筑物免除火灾的象征意义。其次，南海神庙建筑装饰注重追求吉祥的主旋律，特别是瓦当、滴水上的吉祥纹样蕴含了人们追求平安健康的深刻内涵。如瓦当上的"莲花"纹，即象征着纯洁，具有礼义教化的积极意义，表达了广府民众对自我的定位与鞭策，以及对子孙后代的祝福与期盼。[③] 除了以上屋脊建筑装饰造型，瓦当、滴水建筑装饰纹样等蕴含吉祥美好的象征意义外，南海神庙建筑的其他装饰也有其自身特定象征含义，无论是有着"封侯爵禄"象征意义的仪门旁的石鼓，还是通过高低不同代表"等级秩序"的各单体建筑台基等，均体现了丰富的装饰内涵，蕴含了广府人民的无比智慧以及对美好生活的期盼渴望。

---

① 薛颖：《近代岭南建筑装饰研究》，华南理工大学 2012 年博士学位论文，第 36 页。
② 薛颖：《近代岭南建筑装饰研究》，华南理工大学 2012 年博士学位论文，第 40 页。
③ 孙丽莎：《闽粤地区民间建筑屋脊装饰研究》，东北林业大学 2017 年硕士学位论文，第 14 页。

五、结语

　　南海神庙建筑装饰的形成和发展受到临海多雨的自然地理环境，国家政治教化的需求，以及南越文化、中原文化与海洋文化的影响，而独具特色。其建筑装饰风格整体古朴沉稳，以大块面灰、黑、红色系为主。屋顶红脊、绿瓦配以多彩脊饰，脊饰以双龙、鳌鱼等水族动物为主，瓦饰多为吉祥花草纹；屋身整体素雅，采用青石砖砌成，墙面简朴保留原色，门窗无过多装饰；地面铺装样式简单，采用普通台基，严肃稳重。这些建筑装饰集实用功能、美化功能与象征功能于一身，在保护建筑本体的基础上，不仅能够美化空间，更重要的是还有着吉祥美好、礼仪教化的重要意义。南海神庙建筑装饰是重要的历史文化遗产，对其产生的背景、特征与功能的研究将为其今后的保护、传承与活化利用奠定基础。

石质碑刻的保护与研究
——以南海神庙碑刻为例

广州海事博物馆　　冯晨

南海神庙始建于隋开皇十四年（594），距今已有 1400 余年的历史。自隋唐以来，历代皇帝都曾派官员到庙中举行祭典，留下了大量珍贵的碑刻，这些碑刻是我国历史文化的珍贵载体，具有极高的历史、艺术价值。然而，受自然因素和人为因素的影响，这些碑刻面临着各种威胁。为进一步做好石质碑刻文物的保护工作，本文对南海神庙所存的 27 方原碑进行系统的病害调查研究，根据碑刻病害调查结果，就如何深入保护提出相应策略。

一、南海神庙碑刻资源概述

南海神庙被誉为南方碑林，据文献记载，全庙原有石碑刻 400 余方，现存 45 方，其中保存在庙内的原碑有 27 方，碑刻内容以唐、宋、元、明以及清代的帝王祭祀海神的祭文为主，另外还有历代文人墨客吟唱南海神庙的诗赋，较重要的有唐韩愈碑、宋开宝碑、明洪武碑等，它们对于研究国家祭祀、广州对外贸易等方面都具有极高的价值。

经统计，庙内所存 27 方碑刻本体中：

唐碑 1 方，为南海神广利王庙碑（高 2.48 米，宽 1.13 米，厚 0.27 米），位于神庙头门东侧的韩愈亭，该碑立于唐元和十五年（820），是庙内保存最早的石碑刻。碑刻记述了元和十二年（817），诏用前尚书右丞、国子祭酒孔戣为广州刺史；次年将夏，祝册自京师至，孔祀神甚恭谨，祀后即扩大庙宫。碑文又叙孔在广州的德政。《旧唐书·孔戣传》所叙孔的政绩，不少源于此碑。[①]

宋碑 2 方，一方为大宋新修南海广利王庙之碑（高 4.1 米，宽 1.58 米，厚 0.34 米），位于南海神庙头门西侧，是南海神庙第二块镇庙之碑，刻于北宋开宝六年（973），所以叫也开宝碑，由裴丽泽"奉敕"撰文，韩溥书。另一方是尚书省牒中书门下牒碑，现陈列于仪门东复廊，正面的尚书省牒刻于宋庆元四年（1198），背面的中书门下牒刻于宋至和元年（1054），两者相差 144 年。

---

① 本书编委会编：《南海神庙碑刻拓片集》，广州出版社 2007 年版，第 9 页。

元碑2方，名称均为代祀南海王记碑，现陈列于仪门东复廊，早的一方刻于元延祐七年（1320），晚的一方刻于元至正十年（1350），记述的均是代皇帝祭祀南海神的情形。

明碑18方，其中明太祖御碑1方，立于三进庭院东侧碑亭，碑底座是红砂岩赑屃，碑立于明洪武三年（1370），由明太祖朱元璋授意，兵部侍郎王祎撰文。此外，还有御祭南海神文碑11方，年代分别为明宣德十年（1435）、明正统九年（1444）、明景泰五年（1454）和景泰六年（1455）、明天顺元年（1457）、明成化四年（1468）、明弘治六年（1493）、明正德元年（1506）和正德七年（1512）、明嘉靖十一年（1532）和嘉靖十七年（1538）。御祭文碑2方，年代分别为明成化十三年（1477）和明弘治元年（1488）。上述明碑记录的都是当时皇帝派遣使者祭祀南海神的祭文，其中明嘉靖十一年的御祭南海神文碑是嘉靖皇帝祭祀南海神并求子碑；嘉靖十七年的御祭南海神文碑记录的是嘉靖皇帝得子之后敬谢南海神的祭文，可见明代皇帝对南海神的尊崇与重视。文人诗碑4方，分别是陈献章·浴日亭追次东坡韵碑，刻于明成化二十一年（1485），位于章丘岗浴日亭中；薛纲诗碑，刻于明弘治三年（1490）；王相·浴日亭诗碑，刻于明弘治九年（1496）；王命璿诗碑，刻于明万历四十六年（1618）。值得注意的是，明弘治年间曾在弘治元年（1488）、弘治三年（1490）、弘治六年（1493）三次遣人祭祀南海之神并刻碑留存。

清碑4方，皆立于仪门西复廊。其一为康熙皇帝亲征噶尔丹剿除狡寇塞，北永清奉命恭祭南海神文碑，刻于清康熙三十六年（1697）。其二为御祭南海神文碑2方，分别立于清乾隆十三年（1748）和清同治三年（1864），均记录了皇帝遣使者致祭南海神的相关内容。其三为番禺县谕示碑，刻于清光绪十六年（1890）。

二、南海神庙碑刻的保存现状及病害调查情况

（一）保存现状

南海神庙所存27方碑刻均处于半室内保存的状态。所有碑刻均有屋面或者碑亭保护，避免了直接暴露于室外而使其直接受到阳光和雨水的威胁，所有碑刻均加盖玻璃罩进行保护，避免了游客与文物的直接接触。另外，碑刻均有底座进行垫高，碑底座也有做加高处理，避免了地表流水或地面积水的浸泡。

1.唐碑——南海神广利王庙碑

南海神广利王庙碑现保存于南海神庙头门东侧，有碑亭及钢化玻璃保护，碑底

座作加高处理。

2. 宋碑

宋碑有 2 方，其中大宋新修南海广利王庙之碑现保存于南海神庙头门西侧，有碑亭及钢化玻璃保护，并有碑底座。

3. 明碑

明碑现存数量最多，共计 18 方。其中，明洪武三年的明太祖御碑保存于礼亭东南侧，有碑亭、钢化玻璃及红砂岩碑底座作保护；明成化二十一年的陈献章·浴日亭追次东坡韵碑现保存于浴日亭上，有碑亭、钢化玻璃及碑底座作保护；明正德元年的御祭南海神文碑现保存于西侧门外，无碑亭保护，但有少量树荫遮盖，且有钢化玻璃及碑底座保护。

4. 其余碑刻

除上述 5 方碑刻外，其余 22 方碑刻（含宋碑 1 方、元碑 2 方、明碑 15 方以及清碑 4 方）现全部保存于仪门西复廊，有屋面、钢化玻璃及碑底座保护。

唐·南海神广利王庙碑

陈献章·浴日亭追次东坡韵碑

明正德元年的御祭南海神文碑

南海神庙仪门碑廊

驾象牵犀　拣金拾翠——南海神庙出土文物选编

（二）病害情况调查

根据现场调研的结果，碑刻本体主要存在 11 种病害类型，分别为：动物病害、粉化剥落、片状剥落、水锈结壳、大气与粉尘污染、人为污染、机械裂隙、浅表性裂隙、表层空鼓、局部缺失和水泥修补。

1. 唐碑

此次研究的 27 方碑刻中，唐碑只有 1 方，位于头门东侧碑亭中，碑刻表面主要有表面粉尘污染和表面风化两种病害。表面粉尘污染主要来自大气中的粉尘积累，污染区域集中在碑顶以及碑顶残缺部分。表面风化病害则是围绕碑刻本体的周身均有细小的裂纹风化，其次在碑刻的右侧方有一条一米左右长的细小裂痕。

2. 宋碑

此次研究的 27 方碑刻中有 2 方宋代碑刻，大宋新修南海广利王庙之碑的表面出现了大面积的风化裂痕。风化是石质文物普遍存在的一种病害类型，也是目前文物保护科学中最为关注的一类病害。[①] 尚书省牒（正面）中书门下牒（碑阴）碑出现过断裂，于 20 世纪七八十年代进行过修补，修补材料及修补年代不详，现修补材料老化，一部分掉落，露出断裂部位，另外，碑的顶部积累了很厚的一层灰尘。

3. 元碑

此次研究的 27 方碑刻中有 2 方元代碑刻，都位于仪门复廊东侧，元碑表面保存得比较完整，未出现粉化风化病害，但表面都有积落的灰尘，元延祐七年的代祀南海王记碑的表面有少部分的人为污染。

4. 明碑

此次研究的 27 方碑刻中，明碑的数量最多，出现的病害种类也最多，明天顺元年的御祭南海神文碑正面有少量浅表性裂隙，碑阴表面有部分区域出现了粉尘污染和水锈结壳病害，有部分区域则出现了动物病害；薛纲诗碑的正面出现了缺失病害和浅表性裂隙病害，碑阴有部分区域出现缺失病害和水锈结壳病害，碑的顶部表面有粉尘覆盖，碑阴的底部有水泥修补的痕迹；王相·浴日亭诗碑的正表面有裂隙和人为污染病害，碑阴有水锈结壳病害和动物病害，同时碑阳底侧有人为水泥修补的痕迹；王命璿诗碑顶部有粉尘覆盖，碑正面有裂隙和人为刮痕病害，碑阴面粉尘污

---

① 周霄、高峰：《石质文物风化病害研究及无损微损检测方法》，《中国文物科学研究》2015 年第 2 期，第 68—75 页。

染和水锈结壳病害严重；其他碑刻主要是表面的大气与粉尘污染病害。

5.清碑

此次研究的 27 方碑刻中有 4 方清碑，其中，清乾隆十三年的御祭南海神文碑的表面出现了较多的人为污染痕迹；清同治三年的御祭南海神文碑表面有部分动物病害，并且有几条比较开放的裂隙。其他几方清碑都保存得比较完好，只出现大气与粉尘污染病害。

三、南海神庙碑刻病害成因分析

（一）石质碑刻本身材质的影响

经本体材质分析结果可知，碑刻的石材材质为灰岩，密度较大，孔隙率较小，结构致密，且表面强度大，有耐风化剥蚀的能力，但石材本身是矿物可溶于水。液体水等的存在会加速其风化和破坏；故由于本身材质的影响，日常保护过程中要注意避免碑刻接触液体水。

（二）保存环境的影响

广州地处东南沿海，光热充足，雨量充沛，平均年最高气温为 35℃，最低气温为 10℃，温差变化、热胀冷缩致使岩体表面风化、剥落。另外，广州夏季极端天气较为频繁，如雷雨大风、冰雹等，部分碑刻的碑底座容易受到雨水侵蚀。此外，广州春季梅雨季节时空气湿度可达 95% 以上，高温高湿条件下，石材发生化学反应的速率会大大提升。

南海神庙地处黄埔工业区附近，附近分布有火力发电厂和造船厂，周边又有黄埔大桥和黄埔东路等主干道，这些工业设备的运作和大型车辆的运输会给文物带来较严重的大气与粉尘污染，这是南海神庙碑刻普遍存在大气与粉尘污染的重要原因。

南海神庙碑刻在重新竖立之前是露天保存的，甚至有的深埋于地下，由于碑刻本身的材质中含有较多的钙离子，历史上长期的露天保存导致其表面出现了水锈结壳病害。

（三）生物活动的影响

国家文物局发布的《石质文物病害分类与图示》指出："微生物菌群在石质文物表面及其裂隙中繁衍生长，导致石质文物表面变色及表层风化的现象"，石质文物生物病害主要包括植物、动物、微生物三种病害。[①] 南海神庙碑刻非露天保存，

---

① 国家文物局：《中华人民共和国文物保护行业标准——石质文物病害分类与图示》，文物出版社 2009 年版。

因此并未出现植物病害和大面积的微生物病害，碑刻主要受到了蜘蛛、蠕虫、飞蛾等动物活动的影响，表面出现一些溶蚀孔洞、蛛网以及一些动物的粪便和尸体。长远来看，这会影响文物的安全性，需及时处理。

（四）人为因素的影响

一方面，人为无意识的活动会对文物造成破坏。在历史保存或搬运过程中，碑刻本体上出现了一些裂隙和划痕。另一方面，碑刻表面涂鸦、书写和拓片痕迹等均为人为因素造成。另外，南海神庙多处碑刻和碑底座的修补采用水泥砂浆，这种修补技术不仅改变了文物的原貌，水泥中的盐分也会对文物本体造成不可逆转的伤害，其保护效果并不尽如人意。

四、关于南海神庙碑刻文物的保护措施

为尽量避免自然因素对碑刻文物造成损伤，南海神庙的文物保护工作人员已采取了一些保护措施：一是所存碑刻均有屋面或者碑亭保护，避免碑刻文物直接暴露于室外。二是所有碑刻增加玻璃罩进行保护，有效避免游客与文物直接接触。三是对碑刻底座进行垫高，有效避免地表流水或地面积水的浸泡。

但本次研究的 27 方碑刻中，仍有部分碑刻受到动物病害、粉化剥落、水锈结壳、人为污染、机械裂隙等病害的侵扰。其中南海神广利王庙碑、大宋新修南海广利王庙之碑由于其表面吸水系数较高，受到了一定程度的风化，碑刻上文字的安全受到威胁。其余的碑刻也出现了表面污染、人为污染等病害，这些病害使得碑刻的历史价值和文化价值受到了极大的影响。

针对石质碑刻出现的各类病害，建议从以下两方面进行处理：一是加强定期保护。加强定期保护是最便捷有效和可行的防控措施，包括定期除尘、清洗等。[1] 根据调查发现，南海神庙 27 方碑刻大多存在表面污染、人为污染等病害，加强定期清洁可有效改善相关问题。由于长年暴露于自然界的风化环境中，特别是近代工业的发展，环境污染和酸雨等对石质文物造成了不同程度的侵蚀和污损。在石质文物的维护、维修或保护技术中，清洗或清理技术是必不可少的重要技术之一。[2] 二是加强预防性保护，调整文物保护微环境。1963 年，意大利的切萨雷·布兰迪在《修

---

[1] 张国勇、张欣、王欢：《浅析石质文物微生物病害的清洗》，《邢台学院学报》2013 年第 1 期，第 20—24 页。

[2] 张秉坚、尹海燕：《石质文物的清洗技术和清洗效果检测》，《石材》2000 年第 7 期，第 23 页。

复理论》中就已提出：文化遗产保护最重要和有限的原则是对艺术品采取预防性保护的措施。[1] 国家文物局发布的《国家文物事业发展"十三五"规划》和《国家文物保护科学和技术发展"十二五"规划》，已将预防性保护纳入国家战略的高度。其中《国家文物事业发展"十三五"规划》明确指出："坚持分类指导，突出重点，加强基础，实现由注重抢救性保护向抢救性与预防性保护并重转变，由注重文物本体保护向文物本体与周边环境、文化生态的整体保护转变，确保文物安全。"[2] 同时日常保养在文物保护工作中也起着重要作用，日常保养在某种程度上比一次修缮保护更重要，日常保养可以延长保护加固的周期，应成为预防性保护的科学、合理内容。[3] 结合广州及南海神庙周边独特的环境特征，加强预防性保护，调整文物保护微环境将会成为保护石质文物的重要方式。

① （意）切萨雷·布兰迪著，陆地编译：《修复理论》，同济大学出版社 2017 年版。

② 国家文物局：《国家文物事业发展"十三五"规划》，《中国文物报》2017 年 2 月 21 日，第 001 版。

③ 黄克忠：《石质文物保护若干问题的思考》，《中国文化遗产》2018 年第 4 期，第 11 页。

浅谈南海神庙出土青花瓷纹饰的类型与艺术价值

广州海事博物馆　　周苏江

中国陶瓷艺术蕴含着浓厚的人文气息、高超的制作工艺、精深的艺术功力和极高的美学价值，充分反映了中华民族不断变革的生产生活方式、精神追求、美学享受，是广大劳动人民美学思维与技术创新的集中体现，也是古代海上丝绸之路文化传播的重要载体，富有极高的艺术价值。"青花瓷"作为中国陶瓷艺术的代表，更是吸引了全世界的目光。"青花瓷"又名"青花"，是指"用钴料在坯胎上绘画，再施以透明釉，最后高温一次烧成的呈蓝色花纹的釉下彩瓷器"[1]。青花瓷一经出现，便以大气的造型和温润优雅的装饰纹样迅速发展，成为四大名瓷之一，至今仍经久不衰。

一、南海神庙青花瓷的发展背景

青花瓷源于唐代，后经历了宋、元的装饰改良，繁荣于明代，大成于清代。尤其是明清时期，青花瓷装饰纹样的发展迈向了一个新的高潮。这一时期的青花瓷纹饰精妙繁多，色泽清新秀丽，气势宏伟磅礴，以一物代一物，以一意代一意，看似随心为之，却极富意蕴，充满人文艺术气息，最能体现我国古代青花瓷装饰艺术成就。南海神庙出土的青花瓷装饰纹样类型丰富，具有鲜明的艺术特征以及较高的艺术价值，具有南海神庙、本土瓷器、岭南地区等多重文化意义。

二、南海神庙青花瓷纹饰与官窑青花瓷纹饰的比较

明清时期，随着人民生活水平的逐渐提高，青花瓷的发展也迎来了一个新的阶段。青花瓷的形制及装饰纹样随着日渐发达的烧制技术而发展，变得更加复杂多样。北方官窑制作的青花瓷器愈发考究精致，讲究笔触纤巧，并更加关注对细节的表达，虽然画作精美、用料考究，展现出了高超的青花绘画技艺，但是由于官方限制，在青花瓷制作风格上却趋于相同。在纹饰上尤擅长龙纹和凤纹两种纹样，龙纹和凤纹

---

① 叶喆民：《中国陶瓷史》，生活·读书·新知三联书店2006年版，第401页。

是北方官窑青花瓷器中比较多见的两种纹饰。① 官窑青花艺人在绘制纹饰时，对纹饰的造型和姿态也予以变化。龙纹中，有海水龙、抢珠龙、出水蛟龙等多种；凤纹中，有凤穿花、龙凤呈祥、丹凤朝阳等多种。除了龙凤纹饰，历史典故、历史与神话人物也是北方官窑青花瓷青花绘画的主题之一，如文王访贤、竹林七贤、饮中八仙等。另外，北方官窑的青花瓷纹饰中，还出现了一些仕女图，并且多以静坐、梳妆的形式出现，画中仕女体形丰满、端庄稳重。山水画与花鸟画也是北方官窑青花瓷的又一常见纹饰类型，具体又分为垂钓、泛舟、下棋、"花中四君子"和孔雀、翠鸟等多种主题。这些纹饰不仅代表了当时社会上层统治阶级士大夫们的审美，也间接地体现了当时较高的经济发展水平与物阜民丰的时代背景。

南海神庙民窑青花瓷的绘画题材相比北方官窑青花瓷更加广泛，更加贴近生活，也更加贴近普通人民群众。其涵盖了吉祥文化、市井生活、山水花卉、宗教文化，堪称当时社会的一部微缩百科全书。南海神庙出土的青花瓷从形制上看，可分为盘、杯、碗、灯、碟、盏等，这些器物与普通百姓的日常生活息息相关，体现了浓重的生活气息。同时，从侧面体现了作为海上丝绸之路重要组成部分的瓷器贸易开始步入新的历史发展阶段。瓷器贸易的对象也从过去高高在上的西方贵族逐渐转向西方社会的普通阶层。瓷器也从一个过去只是少数西方贵族拥有的艺术品逐步向西方民众的普通生产生活工具转变，客观上也刺激推动了西方本土瓷器的发展。

三、南海神庙出土青花瓷的装饰纹样类型

南海神庙出土的青花瓷装饰纹样繁多，既有描绘生动形象的写实风格，也有不追求形似，只求笔触、线条流畅的写意风格。既有凡世可见的山水、花鸟类型，也有极富宗教特色的特殊图案类型。

（一）花卉类纹样

花卉类纹样一直是青花瓷中常用的装饰纹样，南海神庙出土的青花瓷的花卉类纹样是对自然界花卉、枝叶等的高度抽象性概括。不追求形象上的一致性，使得纹样表现形式更加多样化，形态展现也更加丰富。

花叶作为花卉纹样造型的重要组成部分，也体现这一特征。以南海神庙出土的清青花花卉纹瓷盘残件为例，花瓣造型更加繁多，叶子也更为硕大。出土的各种莲

---

① 洪旭民、刘博：《明朝青花瓷艺术的纹饰寓意和人文精神》，《陶瓷研究》2021 年第 4 期，第 144—145 页。

花纹、牡丹纹、蕉叶纹、菊瓣纹、水草纹、冰梅纹青花瓷器等都呈现出花瓣厚实繁密、脉络清晰逼真、叶脉凹凸有致的特点。

南海神庙作为海上丝绸之路的重要见证，其出土的部分青花瓷有别于官窑的不计成本、精美细致，相对来讲更加粗糙洒脱、朴实无华。真实地反映了当时海上丝绸之路的瓷器贸易面貌，也体现了当时古代人民的文化自信、民族自信、国家自信。

（二）动物类纹样

动物纹样是南海神庙出土的青花瓷装饰纹样中最常见的吉祥物象，同人们长久以来形成的图腾崇拜情结密切相关，主要呈现出两个特点：一是涉及的动物纹样以吉祥动物为主，如龙纹、飞龙纹、过墙龙纹、团凤纹、龙戏珠纹、麒麟纹、鱼藻纹等。以南海神庙出土的清青花过墙龙纹瓷盘残件为例，龙形纹饰从盘中央延伸至盘外壁，仿佛龙能在瓷盘内自由游动。龙身威猛灵动、流畅逶迤，画面十分壮美。二是造型更为生动、夸张，更加注重与环境、植物的动静融合，也更加富有宗教色彩。受限于制作成本，纹样不再像元代青花瓷一样追求写实和形象，而是更倾向于采用高度夸张、抽象的造型手法塑造灵动的神韵。以南海神庙出土的清青花鱼藻纹瓷盘残件为例，其名取自诗经《小雅·鱼藻》："鱼在在藻，有颁其首。王在在镐，岂乐饮酒。鱼在在藻，有莘其尾。王在在镐，饮酒乐岂。鱼在在藻，依于其蒲。王在在镐，有那其居。"[①] 该瓷盘敞口、浅腹，内沿用青花绘弧，盘心绘有青花鱼藻纹，虽为残件，但依然能感受到鱼儿的翻腾、灵动。

鱼藻纹是南海神庙出土青花瓷的一大特色，鱼象征富足、富余，绘鱼在中国传统文化中有着相当高的重要象征意义，且鱼也是道教的吉祥物，象征自由自在、自得其乐、心境旷然。作为宗教场所，南海神庙出土的青花瓷也不可避免地富含宗教特色。

（三）字符类纹样

字符类纹样在南海神庙出土的青花瓷器纹饰中占有相当大的比例，包含大字纹、八卦纹、万字纹、喜字纹、双喜纹、元字纹以及几何图形纹、直线纹等。

这些纹样明朗简洁、装饰性强，构图更富层次感，深得人们喜爱。具体而言，主要有以下两个特点：一是南海神庙作为宗教场所，其出土的瓷器烙有深深的宗教痕迹，字符类纹样多以八卦纹、万字纹为主。笼统说来，太极八卦出自中国古代道

① 周振甫：《诗经译注》，中华书局 2002 年版，第 371 页。

家论述万物变化的重要经典——《周易》。依据先秦学说理论，每一卦形代表一定的事物：乾代表天，坤代表地，巽代表风，震代表雷，坎代表水，离代表火，艮代表山，兑代表泽。这八卦就像八只无限无形的大口袋，把宇宙中万事万物都装进去了。诚如清代龚轼撰《陶歌》所言："白釉青花一火成，花从釉里透分明。可参造化先天妙，无极由来太极生。"以清青花八卦纹瓷杯为例，这也是明清时期的瓷器纹样中，"纹以载道"的有力证明。它的出现，是在特定的社会背景下，表达中国传统文化认同的一种宇宙观，也是南海神庙受道家影响的一个例证。

除了受到道家影响的八卦纹，南海神庙出土的青花瓷器字符类纹样中来自佛教的万字纹也颇具特色。万字纹即"卍"字形纹饰，纹饰写成"卐"为逆时针方向。"卐"字为古代一种符咒，用作护身符或宗教标志，常被认为是太阳或火的象征。"卍"字在梵文中意为"吉祥之所集"，佛教认为它是释迦牟尼胸部所现的瑞相，有吉祥、万福和万寿之意，唐代武则天长寿二年（693）采用汉字，读作"万"。用"卍"字四端向外延伸，又可演化成各种锦纹，这种连锁花纹常用来寓意绵长不断和万福万寿不断之意，也叫"万寿锦"。以清青花万字纹瓷杯残件为代表的万字纹类字符纹饰在南海神庙出土的青花瓷中大量出现，体现了海上丝绸之路所带来的宗教融合，展现了中国所具有的独特文化优势——包容四海、兼纳百川，中国文化开放包容的胸怀，才使得中华文脉绵延繁盛、中华文明历久弥新。[①]佛教传入中国后，与中华传统文化完美融合，形成了具有中国特色的中国佛教。中国佛教是中华传统文化的一部分，也是世界佛教文化的重要组成部分，展现了中国各宗教信仰多元并存的和谐格局，决定了中华文化对世界文明兼收并蓄的开放胸怀。

二是想象力丰富，造型抽象。几何图形纹以传统纹样为基础，在线条的组合上进行了更加丰富的创新，变化多端、层次丰富。虽然制作南海神庙出土青花瓷器的民窑青花画师们在绘画装饰、图案纹样以及款识等方面都受到官方严格的限制，但是他们却能在设计上另辟蹊径，呈现出强烈的视觉装饰感，充分表达了当时民间艺术家脑洞大开的想法和天马行空的自由，可谓如万花筒一般缤纷斑斓。民间的陶瓷工匠以更加理性的眼光看待几何纹样，他们将几何图形的点、线、面进行多维组合，呈现出层次鲜明的视觉效果。

总的来说，南海神庙出土的青花瓷其艺术风格可谓自由洒脱之极，历经元、明、

---

① 毕秀芹：《古代海上丝绸之路与中国佛教的海外传播》，《中国宗教》2023年第6期，第58—59页。

清三代的发展，其风格可谓自成一派。如果说，官窑器物中的青花瓷是具有一整套人文教养的规矩和士大夫阶层高级文化养成的某种美学定式的守旧派，那么南海神庙出土青花瓷的装饰绘画，便是大开大合、紧贴百姓、人文相对解放自由的豪放派。放在今日来细细品味，甚至还有一种人文解放，体现岭南人民不畏恶劣环境、奋力拼搏的独特意味在其中。

四、南海神庙出土青花瓷的装饰纹样的艺术价值

青花之美，美于幽静，青花之色单与任何一种颜色相比都略显幽暗，但工匠们将青花与润白的瓷器相结合，便立即赋予了其生命。就如同一块美玉，温润、淡雅、清澈，但易碎的特性使其更加珍贵。青花瓷是白地蓝花釉下彩瓷器的专称，就是在瓷器毛坯上先用钴蓝描绘图纹装饰，再涂覆上一层无色透明釉，然后在高温1300℃左右一次烧成，色料充分渗透于坯釉之中，呈现出青翠欲滴的蓝色花纹，显得明净素雅。青花瓷之美全由釉彩和画功来区分。而青花瓷中最具特色的钴蓝釉彩是在白色坯体上绘制，因此时坯土仍处于湿润状态，当画师绘图时自然而然产生晕染效果，呈现出柔和的晕染笔触，然后采用釉下彩制作方式，经过烧制让色彩与釉质全然结合，整个釉面光滑平润、晶莹剔透，加上透明的青花纹饰不褪色、不剥落，呈现出幽静淡雅的色彩，具有高度艺术魅力。

在今天，钴蓝釉下彩仍为制作青花瓷主流，然而通过浓度的调配，青花作品能够展现出各种不同的蓝色，从最浅的冰蓝色，到最厚重的深蓝色。画师功力也是青花作品增添魅力的推手，从作品上可观赏到构图的完整性、工整与精致的笔触。南海神庙出土的青花瓷纹样传达出乡土与人情味，也富含宗教色彩，一定程度上反映了当时的社会状态。谁也无法抵挡青花瓷的魅力：明明笔笔简洁，却有一种由内而外的华贵；明明色调单纯，却有一种无法比拟的绚丽；明明恣肆风流，却有一种漫不经心的从容；明明清朗飘逸，却有一种温柔可融的意境。高冷但不失温度，淡雅但不失情趣，简约但不曾简单。

南海神庙出土青花瓷装饰手法新颖独特，民间工匠们依据装饰对象的外形特点，自由安排纹样的装饰手法，这样就使得装饰纹样的观赏性大大增强，最大限度地满足了人们的审美追求。具体而言，南海神庙青花瓷纹样的装饰手法主要有以下两个特征：一是依势造型，不留死角。工匠们在安排纹样时往往依据目标瓷器的形状、大小、功能，选择合适的纹样。走势选择适合的排列方式，使其能够以最佳的姿态

呈现给观者。二是依纹择法，确保得体。以花卉纹样为例，花草树木的本体造型多以缠绕、交错、攀折的形式出现，因此，在选择装饰手法时也要考虑到其自然形态，选择适当的方法，譬如缠枝法、盘纹法等都能很好地表现植物纹样生动多姿的特点，呈现出更加流畅优美的视觉效果。

五、结语

南海神庙出土的青花瓷纹样在传统动物纹样、植物纹样、几何纹样的基础上形成了自己独特的风格，同时在宏观组合上也有了独特的艺术特征。这些凝结着古代工匠天马行空的想象力和精湛技艺的装饰纹样，给人以美的享受。南海神庙是古代海上丝绸之路的重要遗迹，具有较强的历史和现实意义。虽然，南海神庙出土的青花瓷以民窑制作的实用器物为主，文物品相、经济价值较为一般，用料、艺术价值无法与官窑相提并论。但是，它却是广府文化、岭南文化的见证者、记录者。未来，广州海事博物馆将继续对南海神庙出土文物进行全方位整理、研究和利用，使其焕发出应有的光彩。

后记

本书得以出版，首先要感谢广州市文物考古研究院向黄埔区批量移交南海神庙出土文物，此举彰显了广州文博人的豁达态度和共享理念，是对基层文博事业的大力支持，对于丰富广州海事博物馆馆藏、推动南海神庙资料整理、提升博物馆研究能力等都有重要意义。其次要感谢黄埔区文化广电旅游局，对推动文物调拨以及本项目的大力支持。同时，感谢张珂珂女士在推动本书立项上所做的贡献，感谢宁立群女士在文物分类整理方面的付出。

本书的编撰工作为：王芳、伍幸勤负责书籍整体审核；赵磊负责项目统筹及撰写序言、第一章祭祀类、后记；陈迪负责撰写第二章建筑类；王慕宇负责撰写第三章陶器类；冯晨负责撰写第四章瓷器类；苏慧颖负责撰写第五章钱币类；黄嘉莉负责撰写第六章玉石类与第七章其他类。周苏江参与文物分类与整理工作。石永威负责文物摄影工作，冯晨、王慕宇协助。第一章附录中的铁钟、铁缸等照片由韩继修提供。

我们深知自身学识、能力有限，书中瑕疵、纰漏难免，敬请读者批评指正。

广州海事博物馆
2024 年 3 月